18场 扭转世界历史的经典战役

18 GREAT BATTLES OF CHANGING THE WORLD

张向春 著

上海交通大学出版社
SHANGHAI JIAO TONG UNIVERSITY PRESS

图书在版编目（CIP）数据

18场扭转世界历史的经典战役 / 张向春著. —上海
: 上海交通大学出版社, 2013
ISBN 978-7-313-10114-3

Ⅰ. ①1… Ⅱ. ①张… Ⅲ. ①战役—史料—世界
Ⅳ. ①E19
中国版本图书馆CIP数据核字(2013)第168365号

18 场扭转世界历史的经典战役
张向春 **著**
上海交通大学出版社出版发行
（上海市番禺路 951 号　邮政编码 200030）
电话：64071208　出版人：韩建民
北京嘉正伟业印刷包装有限公司印刷　全国新华书店经销
开本：787mm × 1020mm 1/16　印张：13.5　字数：180 千字
2013 年 12 月第 1 版　2013 年 12 月第 1 次印刷
ISBN 978-7-313-10114-3　定价：68.00 元

18 GREAT BATTLES OF CHANGING

THE WORLD

战争是什么?

战争是人的本性，是男性荷尔蒙进化的产物，几乎每个小男孩都经历过喜欢舞刀弄枪的人生阶段。人类与动物的最早区别就是用石块做武器……

战争是历史，从长远来看，几乎每个朝代的更迭与变幻，无不与战争相关……

战争是制造，从最简单的刀斧制作，到复杂的军舰、大炮、坦克，无不与制造业的发展相关，也代表了制造业的最高水准……

战争是科技，人类把最先进的科研成果都用在战争上，今天战争成败的决定因素也在于科技……

战争是智商，战争史上所有战略、战术都是人类精神智慧的结晶……

战争是人心，“得人心者得天下”。毛主席曾教导我们：决定战争胜负的不是原子弹，而是人民，人民是战争胜利之本。战争从来都是人心所向……

战争是艺术，战争让军事成为一门艺术，它可以让你在大地、天空、海洋上改写疆域、版图……

战争是许多、许多……但战争又是矛盾的，因为无论如何它都是以消灭自己的同类——人类，为终极目标。所以，人们害怕战争，反对战争，渴望永久的和平。把战争的基因灭掉，这就是战争的出路。

在人类的历史长河中，有过无数大大小小的战役，然而能够对世界政治格局造成影响的，往往是几场关键性的战役。这些经典战役，是一种偶然与必然的结合，是人类战争史的结晶，包括了当时最先进的军事思想、最时髦的军事装备、最深刻的历史背景，给后来的世界历史带来长远影响。本书所写的18场经典战役，是世界历史的节点，有些伟大的战役虽然未能在当时扭转历史，但战役对后世的影响远比战役本身更为引人瞩目。如坎尼会战，由于汉尼拔自认为兵力不足，放弃进攻罗马，没有完成改变历史的任务，但这场战争的军事战略思想却是西方军事史上的第一座高峰，它成为后来很多战争的范本。

战争也许还会继续，不过，现代战争的打击对象大多数是非正规军。人们利用高科技，避免了大量无辜士兵的死亡。到今天，人类已经进入了以计算机控制战场的时代，人类面对面的原始式的搏杀即将告终。

我想我们学习、研究战争史，并不是为了打仗，更重要的是学会如何远离战争。就如医生研究疾病，就是为了驱除病魔一样。

近年来，军事表现形式在不断被丰富和创新，战场全景仿真图采用现代虚拟三维仿真技术，以宏观的手法把作战地点、战略战术及当时的作战氛围形象地再现，与文字、图表、照片的表现形式不同，旨在逼真地模拟战场真实场景，其立体感强、富冲击力，比一般的新闻图片更直观，更能让观赏者有身临其境的感觉。这是首部以战场全景仿真图为主线诠释战场的书， 我从画第一张战争插图到现在用计算机虚拟现实再现战争，从事战争研究20多年，从写、画、三维制作到今天开发军事仿真软件，应该说我是越来越立体地接触“战争”。我绘制的战争史非常形象，从各个战争年代的场景切换，到各种武器的细节，我比较喜欢用全景画的方式解剖战略战术和武器装备，这是另一种诠释战争的方法。我的这种方法最早是在《名牌》杂志的“战场”栏目中展现，因此，我要向在《名牌》和《南方周末》工作过的同事、领导、栏目作者深表谢意，没有他们的支持，我是做不好这件事的，也出不了这本书。

如果大家想更进一步接近战争，请登录我的军事仿真软件网（简称军仿网，www.jf129.com），这里可让你体验更多的战争，了解各种武器的作用与性能，模拟驾驶各种军机、坦克、军舰等。在研究战争史、探索新的武器装备上，我愿和广大的军事迷们共同磋商、共同进步。谢谢大家！

张向春

2013年7月9日夜

目 录

柯特罗尼山

卡拉德拉河

马拉松

希腊营地

马拉松平原

希军

阿弗罗拉谷地

弗拉纳

通到雅典

阿格莱里基

小沼地

通雅典的大路

彭提利孔山

大沼地

达

波斯舰队

马拉松湾

北

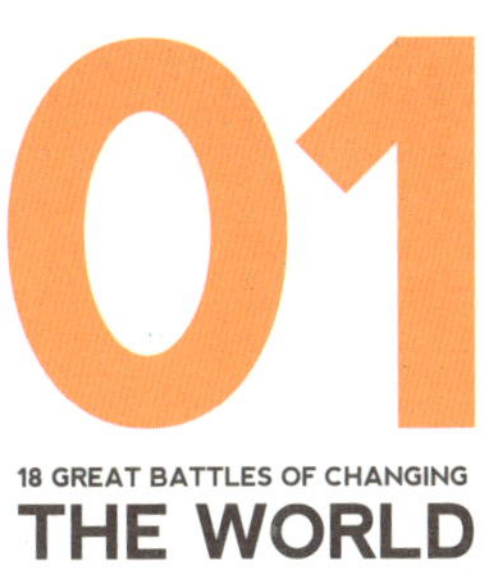

18 GREAT BATTLES OF CHANGING

THE WORLD

古希腊文明的第一个台阶

——马拉松战役

希军

兵力分为左、中、右三个部分，在两翼配置了8排兵力，中间只配置4排兵力，形成两翼厚实中央薄弱的态势。尽管雅典军中央被突破，但雄厚的两翼仍然进击顺利。中央退却和两翼前伸使雅典军阵势自然向内旋转，形成两翼卷击波斯军的“凹”字阵形

波军

波斯军的“密集方阵”冲力把雅典军中间薄弱部分顶了回去，由于雅典军两翼进攻、中央退却的战术，把波斯军拉成“凸”字形。形势很快演变为雅典军仅有4排兵力的中央部分被波斯密集方阵的前锋兵力穿透，形成“漏斗”，而雅典军形成两翼包围攻击波斯军的局面

双方相距约1.5公里，摆好了阵势，这时希腊军的祭祀呈现出吉利的征兆，卡利马什发出战斗号令

斯巴达援军未能及时参战，致使雅典军“十将军”内部产生意见分歧。一派主张乘波斯军布置尚未到位，立即投入战斗；另一派认为单凭雅典的力量不能战胜波斯军，应等待斯巴达援军的到来。两派各不相让，最后由统帅卡利马什裁定：立即投入战斗

根据雅典的民主制度，希腊军的10个将领轮流担任战地指挥官，这天恰好轮到米提亚德任战地最高指挥官

雅典军首先发起进攻，他们先是缓步向前推进，以便节省体力，在最后冲刺和格斗时全力以赴

希腊重装步兵要为自己添置全套装备，包括盔甲、盾牌、长矛、短剑。他们排成行，组成方阵，盾牌挨着盾牌

公元前500年的世界，应该说是被中国、波斯、希腊这三个超级大国所垄断。当时的中国，地处东方，侥幸与其他两个国家相距甚远，无暇顾及。另外两个超级大国波斯与希腊，它们间的战争直到一个多世纪后才见分晓。

公元前522年的波斯帝国，经过两代帝国30多年的暴力拆迁，到老波斯王冈比斯去世时，他的地产业已经东达今印度、西至爱琴海、北及黑海、南到印度洋。当这份产业传到希斯塔斯普时，仅几个月，产权就被觊觎已久的一小撮野心家、阴谋家给夺走了。阶级仇、

当推进至波斯军弓箭手射程内时，雅典重装步兵开始飞奔起来，以便尽快通过“死亡地带”进行贴身格斗

不穿铠甲的波斯军阵形不同于希腊军，组成典型的亚洲式“密集方阵”，实施“重锤”攻击。雅典军两翼包围攻击波斯军。最后，挤作一团的波斯军队大败，纷纷向海边溃退

家族恨，一下子涌上了希斯塔斯普的儿子大流士心头。大流士秉承祖父的智勇和血性，他发誓要为父亲报仇。第二年，采取果断措施，一举粉碎了篡权者的阴谋，产权回到自己手里，并坐上了王位。

大流士称王时，正处于“四海翻腾，五洲震荡”的境地。波斯国这份庞大产业令人垂涎三尺。内部枭雄权谋者此起彼伏，篡权之心不死；周边一些诸侯小国也虎视眈眈，伺机准备分一杯羹。快刀斩乱麻，大流士终于以果断措施和残酷手段，镇压了野心勃勃的敌人，保住了黄色江山（波斯人喜欢黄色）。

平定内乱后，大流士安抚民心，注

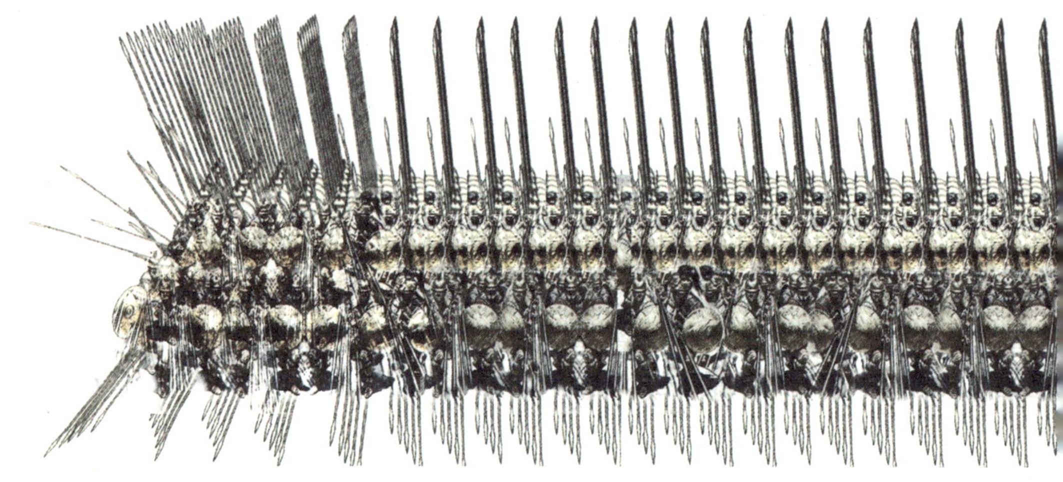

重农耕，逐渐恢复了帝国的元气。他没有忘记重建浩大波斯帝国的勃勃雄心，因此他积极寻找借口，与希腊决一死战。

机会来了，时值爱奥尼亚叛乱。当时爱奥尼亚的米利都是波斯的殖民地，雅典和它的同盟国埃雷特里亚派出了30艘舰船援助米利都，波斯也派出强大的军队去平叛。结果，雅典大败，叛乱消灭。大流士决定乘胜追击，灭掉雅典。

当时的雅典不愧为穷寇，其所有青壮年不超过3万，整个希腊半岛兵力从来没有超过10万。但希腊人相当自信，他们认为决定战争胜负的不是人海战术，而是战法和武器。

希腊军队长矛密集方阵（即希腊方阵）是相当有名的。它的主力是重装步兵，他们用青铜打造头盔，胸部、肩部和躯干都有鳞片盔甲护卫，左手握盾牌，由青铜蒙皮，右手提约3米的长矛，并辅有短剑以便短兵相接。战斗时，排成8行纵深，前4排步兵持矛水平向前，后排长矛在前排长矛之上，而后面4排长矛竖立。这种密集方阵对士兵的身体素质的要求很高，每个步兵负重40千克，进行奔跑和冲刺，而且在任何情况下都要步调一致，紧密团结。希腊方阵的侧翼，主要靠散兵和骑兵保护。

希腊当时已是民主共和政体的国家，在投票决定是否与波斯展开决战时，有5位将军投了赞成票。其中有一位杰出的军事家被授予重任，负责领导雅典军与波斯军的决战，他就是米提亚德。说起这位仁兄，可真是来头不小。

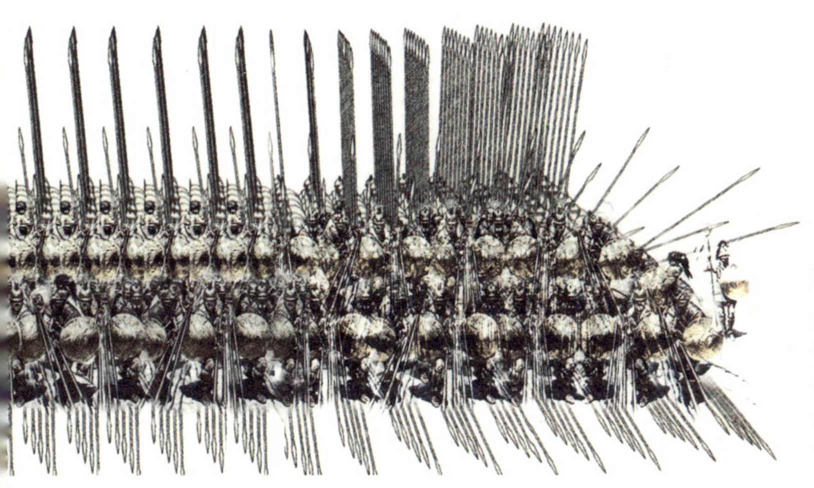

古希腊方阵

雅典步兵长矛队方阵，前面4、5排长矛向前，其余人的长矛向上，以阻挡对方发来的火球

希腊出了个米提亚德

米提亚德出生于雅典一个最老资格的家族。他的祖父曾拥有一个色雷斯小国切索尼的王权，所以米提亚德既是雅典公民，又是切索尼王子。几年前波斯王大流士降服色雷斯后，曾率军穿越多瑙河进入南俄草原，想征服那里的游牧民族塞提亚人，他出发前把多瑙河上的一座浮桥交给几个希腊番邦守护，其中就有切索尼。他的目的是一旦进攻失败，可以沿着这座浮桥撤回。后来大流士果真在南俄草原战败，不得不撤回。这时米提亚德提议拆毁浮桥，把大流士困在多瑙河对岸。时值大流士军队粮草将尽，后有塞提亚骑兵追赶，大流士必败无疑。但这一行动必须得到其他希腊联邦首领同意才能进行，可惜当时这些首领大讲“仁义道德”。米提亚德只得眼睁睁地看着大流士沿浮桥返回。后来有人把这事告诉大流士，米提亚德成为波斯帝国头号通缉犯，只得逃到雅典。到雅典后，他就率军收复了爱琴海的两个岛屿，于是声名鹊起。这时雅典刚刚驱逐独裁者希皮亚斯，成立了民主共和政体，米提亚德的政敌指控他在切索尼搞独裁统治，镇压人民。这其实是事实，但此时米提亚德在雅典人气正旺，雅典议会不予理睬这项指控。

米提亚德曾经是波斯方面的人，对波斯军队的组织结构了如指掌。他认为波斯军队虽然强大，但大多是协约国的士兵被迫参战，士气不高，协同作战能力弱，一旦局势危急，就会各自逃命。而且从武器方面分析，波斯的弓箭无法击穿希腊的盔甲，且波斯军的方阵只有

第一层有盾牌防护，一旦前排被希腊步兵密集阵式突破，后排的轻装步兵是无法抵抗希腊的长矛的。

前国王叛变突生枝节

正当希腊军民严阵以待时，几年前被驱逐的雅典前国王希皮亚斯叛逃到波斯，成为大流士的高级顾问。他不但向波斯贡献希腊全国地图，而且积极为波斯军队出谋划策，他推荐并选定马拉松平原作为登陆地点。

前国王的出走，也导致了一部分希腊人立场不稳。不少人慑于波斯帝国的威风，甘当内奸。在通往马拉松曲折的航道上，不少人在岸上用青铜盾牌反射阳光，为波斯战船指引航向。当时，希腊政府中主战派和投降派斗争骤起。希腊军队和波斯军队在马拉松平原之战对

峙时间不能过长，否则雅典的政治局势会越来越复杂。

两派的斗争，令雅典军政长官卡利马什犹豫不决，米提亚德跟他据理力争说："现在全希腊的命运都在你手上，你是决定甘愿做波斯人的奴隶，还是奋起反抗使希腊赢得自由，也为你赢得千古不朽的名声？如果我们不立刻与敌决战，波斯军队会越来越强，而雅典投降派就会越来越嚣张。我坚信雅典健儿强过波斯人一百倍，胜利一定属于希腊！"米提亚德一席话打消了卡利马什的顾虑，他最终投票支持决战。

马拉松会战

米提亚德众望所归地当选为战役总指挥。正当雅典军队准备下山布阵时，迎面一支援军赶到，这是来自希腊

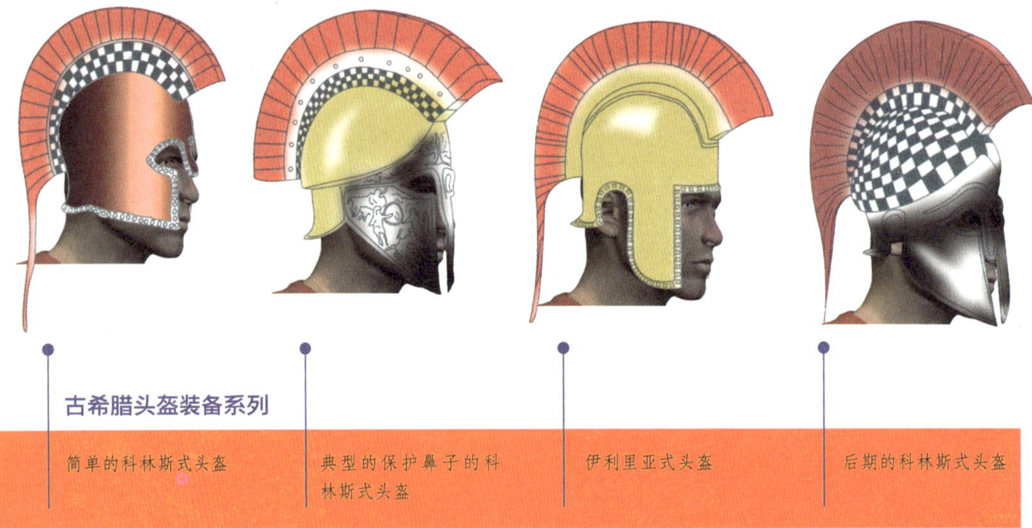

小国普拉提亚的军队，多年前雅典曾帮助他们反抗邻国的入侵，普拉提亚对雅典感恩戴德，这次得知兄弟有难，倾举国之力来助。虽然普拉提亚的援军只有1000人，却极大地鼓舞了雅典士兵的士气。

为了不使雅典战阵从两翼被波斯骑兵迂回，米提亚德决定不惜削弱中央方阵的厚度，将阵线向两侧延伸，使两边的泥沼地成为天然屏障。这样重新部署以后，步兵方阵中央只有4行纵深，两翼仍然保持8行的厚度。

雅典军队布阵完毕后，米提亚德立刻下令冲锋。这时两军相距1500米，希腊密集方阵先是稳步前进到敌军弓箭射程以内，然后开始高速向敌发起冲击。为了不让波斯军队有充分的时间组织调度，米提亚德一开始就命令士兵跑步前进，然后逐渐加速，距敌300米时，全力冲刺。希腊步兵表现出极高的战斗素质，背着沉重的武器，一路奔跑，阵形不乱。

波斯军看见与自己兵力悬殊又没有骑兵的雅典步兵狂奔过来，严阵以待，等到相距300米时，万箭齐发。但波斯军的箭雨如同雨打芭蕉一样落在雅典步兵的盔甲和盾牌上后纷纷弹开，没等波斯军放出几轮弓箭，雅典步兵已冲到眼前。

刹那间，希腊密集方阵的长矛带着巨大的冲劲，猛烈地冲击波斯军的盾牌，一时间震耳欲聋的金属碰撞声响彻云霄。果然不出所料，波斯军的盾牌防线不堪一击。波斯方阵开始松散，为给后面的轻装步兵有足够的空间进行射箭。波斯前排每一个持盾的队长必须承受希腊两个纵列 16 名步兵的合力冲杀。波斯的盾牌防线全线崩溃，很多人被希腊长矛连人带盾地穿过。前排的波斯队长全部阵亡，而他们后面的轻装步兵全部暴露在雅典军的长矛之下。波斯军用弯刀拨开长矛企图进行肉搏，后面的步兵仍紧接放箭。但雅典方阵前 4 排长矛重叠向前，波斯军拨开第 1 排长矛，很快又遇到后 3 排长矛的刺杀。因此波斯军前仆后继，始终靠近不了对方。

波斯骑兵本想迂回雅典方阵的后面，但雅典方阵两翼是泥沼地，骑兵根本通不过。于是只能以紧密的队形冲击雅典方阵，但由于没有盔甲保护，纷纷倒在雅典军的长矛之下。

波斯方阵的中央，是由身经百战的老兵组成，战斗力强，而雅典方阵中央只有 4 行纵深，冲击力不够。战局开始胶着，此时波斯步兵一度突破防线，迫使希腊方阵集体后撤，以保持队形。但是，此时波斯两翼成溃败之势，雅典军两翼抓住机遇，向中央包抄，夹击波斯方阵，而后退的希腊中央方阵也乘机冲杀回来。

此时，波斯军前后夹击，败局已定。

波斯主帅达提斯见大势已去，下令撤退。一时间，波斯军纷纷逃向海边的波斯战舰。雅典军追到海边，开始分散性地攻击波斯战舰，企图付之一炬。但波斯军逃生的欲望本能地促使他们拼命抵抗。雅典此次战役的最大伤亡，就发生在此，包括雅典军政长官卡利马什，以及两位将军都牺牲在此。最终波斯军损失 7 艘战舰后，大部分安全撤离战场。

斯巴达的 2000 名援军到战役结束时才到达，他们列队绕场一周，只见波斯兵尸横遍野，惊叹不已。患难见真情，普拉提亚人在危急关头挺身而出，赢得了雅典人的敬佩。战役结束后，雅典授予普拉提亚人雅典公民的资格，从此成为雅典大家庭的一员。

马拉松的报捷胜利

马拉松战役使希腊人获得胜利，希腊指挥官派了一名信使费里皮德斯从马拉松平原跑回雅典报捷，全程约42.195千米。但后人留下很多疑问，为什么不用马呢？而要跑步？战胜波斯后，不是有很多波斯战马吗？解释可以各种各样，但费里皮德斯确实一刻不停从马拉松平原跑到雅典城，当这位仁兄跑到目的地后，只说一句“我们胜利了！”就即刻倒下，从此，马拉松长跑项目流传几千年。

米提亚德晚节不保

马拉松之战让米提亚德在雅典如日中天，成为大英雄。借此米提亚德提出乘胜追击，把波斯军队溃败后留下的小亚细亚等几个要塞据点拿下，因为这些据点已孤立无援了。

雅典议会当即拨给他一支军队，让他扬帆出海。此时的米提亚德并没有带领这支部队去占领波斯要塞，而是去攻打一个叫帕罗的希腊小岛国。因为米提亚德在为波斯王效力时，曾经被一个帕罗贵族当众羞辱，怀恨在心，一直想找机会报复。

没想到马拉松一战成名的米提亚德，对付不了一个小小的爱琴海岛国，在帕罗城下连吃败仗，自己也身负重伤。

消息传到雅典议会，立即沸腾，米提亚德的政敌又活跃起来，群起而攻之，提议将米提亚德以叛国罪论处，并很快得到议会批准。

按雅典的法律规定，被告人有权在判决前做最后一次陈述，此时身负重伤的米提亚德被人抬到议会，昔日的英雄只能乞求大众给予宽大处理，而雅典人为纪念马拉松战役所刻的米提亚德大理石雕像就竖立在议会门口。

或许雕像让议员们想到米提亚德不朽的功绩，使他免于一死，但要交处罚巨款。仅几个月后，米提亚德因伤重不治，孤苦伶仃地走完了一生，这时离马拉松之战还不到一年。

古希腊文明的第一个台阶

当时的世界构成是各阶层、各民族残酷争斗的结果，在斗争中各自建立起自己伟大的文明，但凡历史悠久的民族无不如此。但是，秉承着几千年传承下来的古老文化，对当今世界影响最大的，带来最辉煌的文化与科学技术的，并不是我们这些东方古国，而是发源于欧亚大陆相交的爱琴海上的一小块神奇的土地——古希腊。

马拉松战役是古希腊第一次依靠自己的力量战胜了波斯，它代表着希腊的崛起。它创造了以少胜多、以弱胜强的典范。与希腊文明在以后 3 个世纪中所达到的辉煌相比，马拉松战役无疑是这个文明的第一个台阶。

2 一个当地的内奸解除了波斯军的尴尬，他告诉薛西斯一条入山的隐蔽小道（希腊联军自己并不知道）。薛西斯大喜，立即命“不死军”从小路包抄。于是在第二天早上，波斯军神奇地出现在希腊联军背后。联军腹背受敌，阵脚大乱，几乎要全盘崩溃

3 列奥尼达此时表现出过人的勇敢与镇定，亲率300名斯巴达武士断后，掩护主力部队撤退，这才避免了全军覆没的命运，列奥尼达等300人全部战死，演绎了整场战争中最悲壮的一幕

古希腊文明迈入鼎盛时期的最后一战

——萨拉米湾海战

话说波斯王大流士在马拉松一战大败之后，一直不服，堂堂一号超级大国，被一个三流国家狠狠地咬了一口，还调戏了一番，真是奇耻大辱，大流士在愤愤不平中一蹶不振，最终一命呜呼。

大流士走后，他的儿子薛西斯继承了王位。为报父仇，他发誓要荡平希腊。因此，他用4年时间拼凑了一支号称500万（实质30~50万）的大军，准备分海陆两路向雅典发起进攻。

公元前480年春，波斯大军渡过赫勒邦海峡，席卷北希腊。

此时的雅典，战云密布，大有“黑云压城”之势。一向喜欢搞“阶级斗争”的希腊各城邦在大敌面前表现出前所未有的团结。30多个城邦组成联盟，由斯巴达国王列奥尼达担任联军“总

1 波斯军经过两天的强攻，仍然无法攻下地势险要的温泉关，空留下漫山遍野的尸体

司令”。大家不要忘记，在马拉松战役中，斯巴达人是姗姗来迟，这次斯巴达元老院的“老同志”们，决定让两个国王中的一个亲率军队参加。他们原先计划是在奥林巴斯一个峡谷排兵布阵，但波军得知后绕道山谷，向雅典进攻。

真所谓“好事不出门，坏事传千里”。附近希腊城邦的“小市民”们，目光短浅，得知波斯军进犯，纷纷见风使舵，向波斯投怀送抱。为了防止其他城邦的变节行为继续蔓延，希腊决定在温泉关阻击波斯军，以震军威。

温泉关战役

温泉关是一个充满诗意的地方，一个易守难攻的狭窄地带，它背靠陡峭的山壁，面向碧波大海。有一股涌泉在此村庄流淌，因此得温泉关之名。

当时的国王可不是坐在宫殿里或者在后方指挥，而是执剑握盾，冲杀在最前线。斯巴达国王列奥尼达就是这样

根据历史资料所绘的列奥尼达像

的勇者，他亲率本国300名精兵、700多名底比斯人和6000名希腊城邦的联军驻守于温泉关。

列奥尼达的军队部署在温泉关被当时的人们认为是唯一能通往希腊的通道上，当时，正值希腊举行奥林匹克运动会，希腊人认为奥林匹克高于一切。因此列军只得在此时与数倍于自己的敌军作战。头两天，波斯军寸步难行，伤亡惨重。到了第三天，一个名叫埃彼阿提斯的当地居民当了叛徒，带领波斯军沿着山边小径绕到希腊军的后方，发动突然袭击。

列奥尼达知道大势已去，为保存兵力，命令其他城邦的军队后撤，只留下斯巴达300名士兵掩护。斯巴达人作战是有传统的，那就是士兵永远不能放弃自己的阵地，因此就有了可歌可泣的“斯巴达300勇士”之说。700名塞斯比亚城邦的士兵也志愿留下和斯巴达人并肩战斗。

波斯军潮水般地涌向关口，斯巴达的勇士被前后夹击，仍击退了敌人4次进攻。他们用长矛、佩剑英勇还击，直至长矛、佩剑折断。这时斯巴达王列奥尼达也战死了，士兵们拼死保护自己统帅的尸体，被围逼至一个小山丘上。此时，赛斯比亚人的心理防线崩溃，举起了双手。

最后，波斯军将残余斯巴达人团团围住，将雨点般的标枪和箭投向他们，直至最后一名斯巴达人倒下。

波斯军付出2万多人战亡的代价占领了温泉关。但斯巴达人英勇不屈的旗帜却高高地飘扬，后来希腊温泉关口建立了一尊纪念斯巴达300勇士的狮子石像，上面雕刻着一句铭文：

过往的客人，请带话给斯巴达人，说我们忠实地履行了诺言，长眠在这里。

萨拉米湾海战

列奥尼达率领的军队在温泉关英勇抵抗，为雅典海军的集结提供了宝贵的时间，雅典海军在接下来的萨拉米湾海战中赢得了主动地位。

在希腊神话中流传着一个预言：希腊的命运要靠木墙才能得救。因此，雅典海军“司令”地米斯托克利主张，希腊的未来在海上，太阳神说的木墙指的就是大船。他说服雅典人把妇女和小孩送上船去安全的海岛上避难，所有男人集中到萨拉米海湾准备迎战。波斯军到达雅典后，发现这只是一座空城，于是波斯军将其付之一炬。

当战船集中到萨拉米湾时，波斯军才赶到并封锁了整个海湾，这时希腊军已无路可逃，全军上下唯有同仇敌忾，“置之死地而后生”。

当时希腊海军只拥有战船 358 艘，而波斯海军却是 1207 艘，数量上，是希腊的三倍。但是从“先进性”来说，希腊海军的战船比波斯厉害得多，它速度快、机动性好、吃水浅，大多是长 40 米到 50 米的三层木船。170 名划桨手在各层甲板上划桨。希腊战船的“杀手锏”是船头的水下部分包着一个锐利的铜制金属角，专门用于撞沉敌舰，更厉害的是，船头还有一根约 5 米长的包铜横木，对敌舰作斜线冲击时，可以折断其桡桨。相对来说，波斯战舰都是体积大、吃水深的老式帆船。波斯人缺乏海战理论与经验。

双方在萨拉米海湾相持了一个半月，希腊海军占据了有利地形，把战船隐藏在小岛后面，等待敌人的进攻。

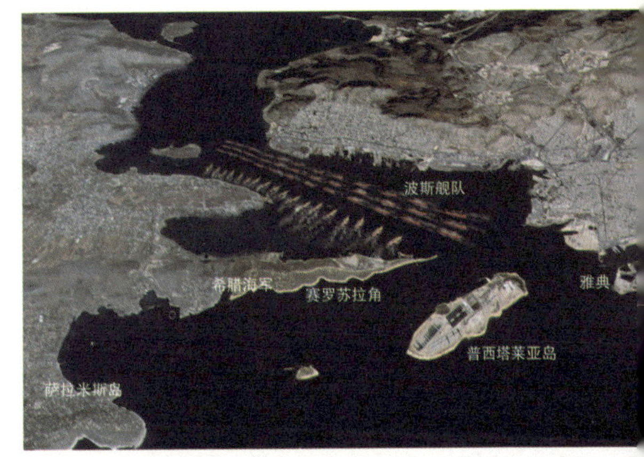

根据历史资料绘制的薛西斯像

公元前480年9月的一个早晨，波斯战船出动，拉开了战斗的帷幕。

波斯王在萨拉米海湾附近的爱格勒阿斯高地上坐着欣赏船桅如林的威武波斯战船，他周围站着衣着华丽的随从和史官，准备记录下波斯海军即将创造的辉煌。

波斯舰队整齐划一地突入海湾，到海中心时狂风大作，高叠的风帆和厚重的波斯战舰失去控制，相互纠缠在一起。

时机已到，希腊快船迅速插入，用船头尖锐的铜角，猛撞波斯战船的中部，只见敌船一艘艘地被撞沉。

波斯王顿时惊慌失措，不顾海湾水浅，命令战船进湾内增援，使得舰队在浅水区进退两难，被迫分散作战，但又抵挡不了希腊战船的尖角和锐利的长矛。在一天的战斗中，就有200艘波斯战船被击沉，50艘被俘获。“旱鸭子”波斯人要么葬身大海，要么成为战俘。

波斯王看见波斯舰队惨败已成定局，撕破皇袍，仰天长叹，下令全军退却。

古希腊文明走向鼎盛时期的关键一仗

在波希战争中，希腊军队乘萨拉米湾海战胜利的余威，在普拉提亚消灭了薛西斯在希腊的陆军，又在小亚米卡尔海角歼灭了波斯残余的海军。

公元前499年，希腊军队彻底打败波斯，在塞浦路斯岛双方订立和平条约，至此结束了约半个世纪的波希战争。

古希腊文明实质是欧洲文明的根源，萨拉米海战决定了希腊进入强盛时期，古希腊文明从此迈入了历史上的鼎盛时代，雅典帝国、帕蒂农神庙、断臂维纳斯、黄金分割等与这个“辉煌时代”紧密相连。

亚历山大像

对波斯的最后一击

——亚历山大东征

经过萨拉米湾海战，波斯帝国已经歇菜，希腊人民从此站起来了！但“树欲静而风不止”，这时希腊松散联邦内部的阶级斗争爆发了，各邦争夺希腊的霸主地位，展开了规模空前的内战，史称伯罗奔尼撒战争。

不管古希腊文明发出多么耀眼的光芒，奥林匹斯的众神们也不能保护它不被另一个阶级、阶层废掉。公元前 4 世纪，一个一直被伟大的希腊人

亚洲民兵
4 马军战线断裂为两段，于是大流士遂命令对左翼马军发动猛攻。帕尔梅尼奥被包围，情况极为紧急，几临濒危。但由于波军纪律废弛，士兵纷纷抢劫在后方的马军营地，才使他得以度过难关。就在这时，波斯军右翼顶端的骑兵已经绕过马其顿军团的左翼，进行包围作战，帕尔梅尼奥派转骑向亚历山大求救
5 正在追击溃散的波斯军左翼的亚历山大立即放弃追击，转而驰援自己被围的左翼，同帕尔梅尼奥内外夹击，苦战后大获全胜
帕尔梅尼奥指挥的马军左翼
波军右翼向马军战线后方
8-11公里外马军军营突击

战线中的空隙
大流士
1 当马其顿军团接近波斯军时，亚历山大命令向波军左翼斜着走，把大流士诱入骑兵、战车和战象不能发挥作用的地形进行决战
马军禁卫重骑兵
马军禁卫重骑兵
2 在右翼方面，由于波军骑兵单独前进过远，遂使波军左翼步兵与骑兵之间呈现出一个空隙，这也正是亚历山大梦寐以求的机会。他立即亲率精锐骑兵以楔行队形向空隙钻入。突入之后又立即向波军中央后方疾驰，那里是大流士本人所在的地点
亚历山大指挥的马军右翼
波斯骑兵
3 在波斯军中央和左翼崩溃的过程中，由于亚历山大的斜进，左翼和右翼之间出现了大缺口，波斯骑兵和印度人乘机从这个缺口涌入，直取马其顿军后方的辎重基地，并企图救出被俘获的大流士的妻儿老小。幸亏亚历山大事先配置好应付这种危机的预备队，很快地，机动预备队轻松地旋转过来，从后面击溃已贯穿马其顿军后方的波斯骑兵和印度人
方阵中的空隙
马军重步兵后方阵
第一线辎重

民视为野蛮、地痞、流氓的小市民——马其顿腓力二世，狠狠地教训了他们一番，让他们明白了一个道理：只有长矛够长，脑子有料，才能打遍天下无敌手。

腓力二世统率他的马其顿大军所向无敌，在战争中，雅典、斯巴达、底比斯这三个国家居然灭亡了，战争将这些本来在名义和实质上都各自独立继承古希腊文化的几个独立城邦合到一起。从此，这些在思想和政治上各自独立的希腊小城邦被马其顿这个边远的蛮荒小城邦收拾得服服帖帖，马其顿成为真正的希腊霸主。

处理好江湖之事后，腓力二世带着这班被整合后的希腊城邦联军继续收拾波斯。

所有这些，应归功于马其顿军事思想的改革，采用新型战争手段，才开始做大。

腓力的军事改革

马其顿军队是由马其顿王腓力一世打造出来的。马其顿军之所以在内战和外战中所向披靡，得益于他的军事思想理论，也就是把机动性作为一个最重要的战术因素，这在当时是首创的，从此机动性成为历来军事上一个重要手段。腓力认识到战术性的目的应该是在追击中消灭敌人，当步兵方阵咬着敌人时，骑兵就应迅速执行机动战术打击敌人。

腓力首创把骑兵分成团，每团有1500到1800人，有一个团为禁卫军。这类重骑兵装备有长剑和盔甲。腓力又改革步兵，创造出一种介于轻重步兵之间的步兵，来代替重步兵。马其顿新型步兵使用的是14英尺的长矛，右臂有一轻型后盾，他们穿着具有金属保护的战袄作战。腓力同时改革了步兵方阵，组成步兵团，全团为1536人，分营、连、排等单位，最小的设置单位为一列16个步兵。

要对付这种方阵确实不易，因为集体操练这种方阵是要花费不少工夫的，这么高端的东西，当时世界上没有几个国玩得起。

除此之外，腓力又组编3个营的轻装步兵，每个营1000人，作为骑兵和方阵之间的联系，三个兵种协同作战，既充分发挥各自的优势，又能保持队伍的完整性，这种有效的组合，成为作战中克敌制胜的法宝。

公元前338年，希腊各邦被腓力二世的马其顿王国灭掉以后，马其顿成为真正的希腊霸主，为了“将革命进行到底”，腓力二世开始制定了远征波斯的宏伟计划。可惜在公元前336年，腓力二世在参加女儿婚礼时被内部人刺杀，一代英雄过早陨落了，只能由年仅20岁的亚历山大去完成事业。

马其顿“牛人”亚历山大

公元前356年，希腊“牛人”亚历山大诞生了，他之所以牛，是因为有一种“正能量”在支配着他，这种“正能量”就是希腊文化的陶冶，特别是荷马史诗的影响，亚历山大13岁时就拜希腊著名哲学家亚里士多德为师，他随时都带有一本由亚里士多德注释的荷马著作。

在父亲的教导下，亚历山大从小就接受严格军事训练，善于用兵。在前辈的军事改革基础上，他增加了方阵的密度，形成著名的马其顿方阵，攻击能力大幅提高，他还将骑兵部队作为主力突击力量和机动力量，改革了以往一味以方阵作战为主的军事思想。

亚历山大称王后即率大军向波斯进攻，其中有3万步兵、5000骑兵和16艘战船。公元前334年5月，亚历山大在格拉尼卡河岸初战告捷，打开了通往小亚细亚的通道。紧接着在公元前333年，又取得了对大流士三世的伊苏斯会战的胜利。随后，亚历山大大军南下，攻进叙利亚，力克腓尼基，于公元前332年攻入埃及，在尼罗河三角洲地带建立了亚历山大城。

阿贝拉战役战前布置

大流士兵败伊苏斯后，又招兵买马，并针对马其顿密集方阵引入强大的卷镰战车。从巴比伦向北进发，渡过底格里斯河左岸，到达阿贝拉城，并把家属和仓库安置于此。从这里再前进到高加米克鲁姆莱斯附近，一个适宜大量骑兵和卷镰战车运动的地方，准备在此决战。

亚历山大的部队渡过了底格里斯河后，在该河东岸休整。过了几天，侦探报告说敌军已经接近，于是他立即准备迎敌，他亲率精锐骑兵快速向敌后前进，同时命令其余部队以常规行军速度跟进。尽管当时波斯军队有千万骑兵、数十万步兵和 200 辆卷镰战车以及少数战象，其数量远超亚历山大的部队，但亚历山大并不畏惧。

此时，大流士铲平了地面所有障碍物，把高加米拉平原变成一个大型阅兵场，让他的数列步兵和骑兵、卷镰战车一字排开,形成一个个严格有序的方阵，按照部队的地方来源，排列成横 3 行、竖 13 列的无数小型方阵。大流士三世则随御林军骑兵、15 头战象和 50 辆战车排在前列的中央，左翼前列是西提亚人和巴克特里亚人的骑兵方阵和 100 辆卷镰车，右翼前列是亚美尼亚人和卡派多西人的骑兵部队和 50 辆战车。骑兵部队部署在第一线，第二线则全是步兵方阵，左翼指挥官为贝苏斯，右翼指挥官为马扎伊。

亚历山大把敌军的部署了解清楚后，花了 4 天时间休养军队和增加营地防护，装置了鹿角和挖掘堑壕以防敌军偷袭。到第 4 天夜里二更时分，他突然命令开拔前进,以便在天亮时与敌作战。差不多与敌军相距 3.5 英里时，他突然停下，召开战前会议，会后率轻步兵和骑兵巡游，视察完这个准备作战的广场后，他再次召集将领们讨论他所见的一切，并说明执行命令的重要性。

开战前夕，副帅帕尔梅尼奥来到亚历山大“司令部”内，向他建议夜间突袭。但亚历山大拒绝了，因为他认为夜间作战不确定因素很多。而且他已经有了全盘的作战计划。

亚历山大军只有 7000 骑兵和 4 万步兵，与大流士相比处于绝对劣势中，如果和敌军拼消耗，无异于自杀。经过考虑，亚历山大的作战布置是：右翼方面由骑兵和轻步兵组成作战方阵，正面的右端是皇家禁卫骑兵中队，左面是格劳西亚斯等人所率的骑兵中队，所有骑兵由帕尔梅尼奥之子费罗塔斯担任总指挥。随后是禁卫轻步兵营及轻步兵，中间为重步兵方阵。左翼全部步兵则由克拉特罗斯指挥，最左面是希腊骑兵和底萨莱骑兵，整个左翼由帕尔梅尼奥担任总指挥。

亚历山大在作战一线，在他的后面还安排了一个二线。如果一线受到波军包围，二线就旋转向前向波斯军发起攻

击。这个后备队由两个纵队组成，每一翼后面摆一个。他们与正面形成一个角度，当敌人想绕过侧翼进攻时，他们可以攻击敌人的侧翼。如果敌人不这样时，他们就向内旋转，增援正面的部队。

亚历山大的右翼部署为：一些是阿吉里亚人，一些是马其顿箭手，还有老练的雇佣兵。前两个单位前面是轻骑兵，轻骑兵前面有希腊骑兵雇佣兵，其余的弓弩手和标枪兵排列在马其顿骑兵的前面，以抗击波斯卷镰战车。如果波斯的骑兵绕过右翼攻击，那么希腊骑兵则旋转进攻敌军侧翼。左面纵队布置成角状，前面为色雷斯步兵，其次为希腊联军骑兵，后面为阿德里亚骑兵。在他们前面又有安德罗库斯所率领的希腊雇佣兵。（请注意，高傲的希腊帝国的军队已沦为雇佣兵），保卫行李营的任务由色雷斯步兵担任。

这种空心大方阵，加强了部队的机

动性。而且前面两个“飞行”纵队使他们可以对付任何方向的敌军攻击。这充分利用了骑兵的机动性和步兵的稳定性，在和敌人接战时，能赢得局部人数众多的优势。

亚历山大习惯大军在右翼，骑兵在阵前面，他闪亮的铠甲旁，围绕着一群军官，将军们可随时得到指示，以便在每一种可能的情况发生后分别采取何种行动。在所有战斗编序完成后，亚历山大便统帅大军，向敌军发起进攻。

对波斯的最后一击

波斯王对卷镰战车寄以厚望，这种战车是专门用来对付马其顿方阵的。波斯希望能遇上被战车冲击得七零八落的马其顿长矛兵方阵，让骑兵冲上收拾。因此大流士亲自坐阵中路，料定敌军会从此发起进攻。

当马其顿军接近敌军时，亚历山大并不直接进攻，而是从左翼斜着前进。大流士见此，就沿着他们前进的方向跟着跑。亚历山大继续斜线行走，直到走出波斯人铲平的区域。大流士害怕在那里其战车失去作用，便命令他左翼方面前排绕过亚历山大的右翼，迫使他停止。面对敌人的进攻，亚历山大命令米尼达斯率领的希腊雇佣骑兵迎敌，但却被敌人击败后退。确实此时的希腊兵是为别人打仗的，战斗力是可想而知的。紧接着阿里奥斯托的奥尼亚骑兵和克林德尔雇佣兵也奉命发起进攻。波斯方面大流士也命巴克特里亚和赛西亚的骑兵发起攻击，他们突破了马其顿骑兵的队形，使其损失惨重，其中赛西亚骑兵的表现更为出色，因为他们的人和马都被较好的装甲保护着。

尽管这样，马其顿优良的军纪和顽强的作风始终保持着，他们一个中队接着一个中队，向敌人连续发起进攻，最终把贝苏斯的部队击退。

大流士急忙使出他的战车部队，想冲散敌人方阵。可当他们接近时，在马其顿骑兵前面的阿吉里亚尼亚人和巴拉克鲁斯的部队，用箭雨和标枪阻挡了他们。大流士乘坐的战车驭手被一支标枪击中，大流士见此情景，马上滚下自己的战车，找了匹快马，绝尘而去。因此，马其顿右翼第一阶段会战胜利结束。

第二阶段会战紧接着开始，马其顿

波斯卷镰战车

马其顿方阵

右翼的阿里提斯攻击迂回在马其顿右翼的敌军。亚历山大亲率马其顿骑兵向内旋转，形成了一个楔子，连同右面 4 个轻步兵团，直插入敌军，这时波斯军由于骑兵已经离开，下面出现一个缺口，大流士就在这缺口里，亚历山大率领骑兵直接向大流士冲去，在骑兵冲锋的同时，左面还有长矛如林的步兵方阵紧跟，大流士见大势已去，赶紧逃命，此时波斯骑兵发现后方已被敌军包抄，也纷纷逃跑，掀起遮天蔽日的尘雾，双方都无法看清对方，大流士趁此机会逃脱。

亚历山大在右翼和中路的进攻，使其左翼完全暴露于敌人优秀兵力之下，波斯军右翼的马扎依向帕尔梅尼奥发起一轮又一轮的攻击，帕尔梅尼奥快招架不住了。这是亚历山大预先安排的，紧挨左翼的亚米亚斯指挥的6个方阵，并没有向中路的波斯军发动进攻，而是留下来掩护帕尔梅尼奥的右侧，以便让他始终保持和亚历山大的大军联系。而这样，西米亚斯不得已在马其顿左翼的中路开了一个大口子。紧接着，印度和波斯骑兵并没转身扑向帕尔梅尼奥，也没扑向亚历山大右翼的后路，而是直奔马其顿的大本营，击溃在这留守的色雷斯人，开始抢劫。情况变得危急，预备队的军官们听到这消息，按事先的安排飞快地旋转过来，在波斯军后方杀死正在抢劫的波斯人和印度人，迫使他们策马而逃。

战斗正在激烈地进行着，大流士右翼顶尖方向的骑兵，绕过马其顿军左翼，从侧面攻击并包围帕尔梅尼奥。局势万分危急，此时亚历山大正追击波军左翼残部，见状他马上率领骑兵调转方向，直插波斯军右翼。波斯军和印度骑兵眼看唯一保全自己的通道就要被切断，于是凭着自己实力雄厚的骑兵纵队，向马其顿人发起新一轮冲击。这是一场短兵相接的搏杀，马其顿皇家骑兵保护着亚历山大，其中60名骑兵护卫倒下，3位紧靠亚历山大的将军也负了伤。最终，顽强的马其顿人以严谨的纪律和勇猛的气势又一次压倒了对方，大批波斯和印度的骑兵被消灭，只有少数人能突出重围。消灭了这股顽敌后，亚历山大将自己的皇家骑兵卫队重新整编，带着他们直奔帕尔梅尼奥。此时，帕尔梅尼奥已经解围，与亚历山大的部队会合。

会战以亚历山大马其顿军大获全胜而终。据估计马其顿仅损失500人，1000匹马，而波斯军则被杀9万人，被俘不计其数。尽管对马其顿军伤亡估计偏低，但亚历山大以弱胜强的事实无可争辩。

亚历山大的马其顿军乘胜奇取巴比伦，占领了波斯都城苏萨、波斯利斯和米底古都埃克巴坦那，推翻了大流士政权，掳其无数战利品。

波斯王国经营了一个多世纪的皇宫，其奢华程度是常人难以想象的，从马其顿这些边远山区跑出来的亚历山大和大兵就像是刘姥姥进了大观园，掏空了波斯皇宫所有金库，顺带抢了人家波斯王大流士的老婆和女儿。

亚历山大既有色心又有色胆，看到大流士的女儿美艳高雅，干脆举行豪华盛大的结婚典礼，与他的头号敌人波斯王的女儿斯塔提拉结了婚，许多马其顿的将领也有样学样娶波斯贵族的女儿。

难怪波斯王和他的将领们拿亚历山大没办法，因为跟自己作战的都是他们灰头土脑的“女婿兵团”，你说搞不搞笑？大流士甚至也不得不认了这个“硬插门女婿”，愿奉送半个波斯帝国的领土作“嫁妆”，让老岳父守着半壁江山安心养老吧。连亚历山大的最得力干将帕尔梅尼奥也情不自禁地说：“快答应吧，赶紧退兵回家，抱你的公主老婆吧！”但亚历山大可不吃这一套：“老子既要波斯全部领土，又要你老岳父的小命！”

大流士碰上亚历山大这样的“蛮人”，真是拿他一点办法都没有，只得连女儿、国家、老命一起赔给他了。

公元前330年春，亚历山大北上追歼大流士，部将砍下大流士的脑袋跑来领赏，至此，强大的波斯帝国持续了一个多世纪后灭亡，马其顿部队接收了波斯的所有“遗产”，建立起一个横跨欧、亚、非大陆的亚历山大帝国。

兵败印度

亚历山大胃口越来越大，公元前327年，亚历山大率军由里海以南继续东进，途经安息、阿里亚、德兰左亚那，翻越兴都库什山脉，到达大夏和粟特，终于在公元前325年进入印度，侵占印度河流域。就在他企图攻占恒河流域时，多年征战的士兵已经苦不堪言了，再加上印度人的反抗、疟疾的传染、毒蛇的杀伤，士兵们拒绝前进东征，要求打道回府。亚历山大只得放弃东征计划，否则按亚历山大的野心有可能从印度突入中国。公元前325年7月亚历山大从印度前线撤军。公元前324年，他的陆军返回波斯利斯和苏萨，舰队也在底格里斯河口停靠，接着返回巴比伦，至此历经10年的亚历山大东征计划宣告结束。

亚历山大是古希腊文明的推手

亚历山大东征结束后，建都巴比伦，正当他部署更为宏伟的征服阿拉伯规划时，突然发高烧，于公元前 323 年病死。一代“牛”人就这样萧然离去。

应该说亚历山大本身是崇尚希腊文化的，也是以希腊霸主的身份自居的。历史上著名的亚历山大东征，了结了波斯，这个一个多世纪古希腊文明的绊脚石。他下令占领区人民学习希腊语文、马其顿兵法。也正是在亚历山大时代，希腊文明继续得到延伸和发展，希腊文化与科学几乎在各个领域都处于世界领先地位，如欧几里得发明的几何学，阿基米德的力学、数学和物理学，埃拉斯特尼的天文学和数学，提奥弗拉斯的农学、植物学，还有医学、力学、建筑学、地理学、解剖学等，几乎是当今一切自然科学的奠基。文化的辉煌带来一系列科学发明，如战争中的机械性武器、抽水机、水磨、洗涤器等，所有这些发明又随着东征在各国推广。

总之，亚历山大乃一代“牛”人，干出东征这等“牛”事，推动希腊文明的“牛”发展。

亚历山大率军进攻印度

骑大象翻越阿尔卑斯雪山的迦太基军队

西方军事艺术史上的第一座高峰

——坎尼会战

各位看官，但凡以武力为基础打造出的帝国往往维持不久，而且是倒在其领导人挂了时，因为极权统治时代，领导人意外伤亡或病逝是一件非常严重的事情。极权一倒，如果没有安排好接班人，这巨大的权力会成为各功臣将领你死我活的争夺对象，这种事情在我国古代也有。同样，亚历山大更不例外，他的部将在他走后展开了残酷的争权战争，经过长期的混战，在原来帝国的版图上形成了几个独立的王国，其中马其顿、埃及和西亚3个王国最大。

这时候，在意大利半岛上坐落着一个名不见经传的小村庄——罗马。

条条大路通罗马

别小看这个罗马，虽然起点很低，甚至罗马人的聚居规模连城邦都称不上，但是它跟马其顿人及其他一些希腊城邦的人一样，孜孜不倦地从古希腊文化中汲取营养。这时候，在这一地区共同的“老师”希腊雅典走下坡路时，罗马人凭借着一股哥们义气获得周围城邦的信赖。只要和他们结盟，再强悍的对手也得忌惮一下，因为罗马人不在战场上背叛盟友。这种朴实厚道的品格让罗马的声誉越来越高，周围的邻居们都喜欢并入罗马麾下。

公元前510年，罗马人驱赶前国王卢修斯，结束王政时代，进入罗马共和国时期。

迦太基的非洲

也千万不要小看非洲。在罗马不断强盛时，当时的北非同样有个叫迦太基的牛气国家（即今突尼斯部分）。这个国家的人善于经商务农，而且迦太基是腓尼基人（属于古闪米特人后代）的一支在北非建立的殖民地，因此迦太基人不是黑人。

迦太基的海军相当有名气，其依此掌握着海上贸易的控制权，这种欺行霸市的行为让它每年捞取大量财富。

随着罗马越来越强大，对海上贸易的需求也越来越迫切。对于迦太基长期的海上封锁，罗马人感到非常不爽，渐渐从不满转化为矛盾，各种矛盾的积聚，终于爆发战争。

公元前264年，早就想打的罗马人向迦太基人射出第一箭，此后你来我往，各有胜负，这一仗打了23年。直到罗马人在埃加迪群岛海战中大获全胜，才让迦太基人服输，签订大量不平等条约，向罗马赔付战争巨款。

停战让两拨人得以休养生息，却并未终结战争，约20年后，第二次布匿战争打响了。“布匿”是罗马人对迦太基人的蔑称。

“战神”汉尼拔

迦太基海军在第一次布匿战争被消灭之后，迦太基的将军哈米尔卡（就是战神汉尼拔的父亲），被迫转向伊比利亚半岛（今西班牙与葡萄牙地区）发展，后来，哈米尔卡和继任者哈斯德鲁巴相继遇刺而亡，全军一致推举汉尼拔为领袖，与罗马进行战斗。

汉尼拔手中由于没有海军，只能沿着地中海边缘，带着拥有非洲战象的部队越过阿尔卑斯山，进入罗马腹地。

汉尼拔的部队进入罗马后，取得了三大战役的胜利，但由于远离本土，后勤供应不上，军粮告急。这时，汉尼拔得到消息说：前面不远有座城市叫坎尼，贮存着大量的罗马军粮，而且坎尼附近有大片农田有即将收割的粮食。汉尼拔随即率军开赴坎尼城，这时是公元前216年6月。

此时坎尼城当然有罗马军重兵把守，而且是由罗马执政官瓦罗和保卢斯率领的主力野战军驻扎于此。他们的兵力远远胜于迦太基，并熟悉地形。双方在进行一些短兵相接后，大规模的会战即将开始。

战前排兵布阵

罗马方面实行的是轮流执政，8月份轮到瓦罗执掌兵权，他留下一支卫戍部队守卫大本营，统领其余部队在奥菲杜斯河集结。汉尼拔则背水一战，在河的背面，罗马作战兵力为步兵6.6万人，骑兵7000人，留守大本营为1万人。

汉尼拔作战兵力为3.2万步兵，1万骑兵，留下5000人守卫大本营。

罗马军采用传统的三行编队，骑兵在右面，盟国骑兵在左面，轻步兵按常规部署在前面。罗马的精锐部队——步兵军团布置在轻步兵之后。最前面的轻步兵是些青年新兵，他们配有两根标枪、一把短剑及一面盾牌，他们的作用在于消耗敌军。第二行的步兵军团则是成年壮汉，战斗力强，有着良好的战斗技能。最后一行是罗马军队中常年征战、经验丰富的老兵，他们手持长矛杀敌。与密集的马其顿方阵相反，罗马军强调个人战术，活动空间大，士兵间相互配合杀敌。

汉尼拔方面是真正的“多国部队”，哈斯德鲁巴的伊比利亚骑兵和高卢骑兵

公元前216年6月初，汉尼拔出其不意攻占了阿普利亚平原尽头的坎尼城堡，引起罗马人极大的惊恐，在罗马民众要求胜利的压力下，新任的两位执政官艾弥利乌斯和法罗带领罗马大军向坎尼城逼近

两天以后，汉尼拔沿河岸布署部队，但这天罗马军由艾弥利乌斯担任战场指挥，他发现地形有利于本来就占优势的迦太基骑兵，于是坚壁不出。但是到了第二天，法罗担任指挥，他早就渴望同汉尼拔一决雌雄，他留下1万人马坚守2个军营，率领8个罗马军团6万多人进入奥菲杜斯河左岸排兵布阵

法罗见汉尼拔的左翼斜靠在河岸上，消除了左翼被迂回的威胁，便缩短战线以对应汉尼拔的战线长度，罗马军压缩正面宽度，增加了纵深的长度，减小了机动的余地。一开始就处于不利的状态中

罗马军的阵势是：步兵在中央，由罗马执政官保卢斯指挥

骑兵放在步兵的左右两翼，右翼是罗马公民组成的少数骑兵，由罗马执政官瓦罗指挥

左翼为意大利联盟的骑兵,由罗马执政官塞维利阿指挥

罗马军营

奥菲杜斯河

罗马军营
老营建在离迦太基军营6英里处

汉尼拔的外甥汉诺指挥右翼的
努米底亚骑兵
亚得里亚海
汉尼拔命令自己的中央战线呈
弓形前凸，迎战罗马的中央密
集步兵集团
奥菲杜斯河
汉尼拔军营
卡内
汉尼拔的弟弟哈斯德鲁巴率左翼
伊比利亚骑兵和高卢骑兵

罗马左翼骑兵
汉尼拔的右翼骑兵
1 哈斯德鲁巴率左翼伊比利亚骑兵和高卢骑兵迅速击败对面的罗马骑兵，从侧翼绕到整个罗马军团背后，打击在罗马军团左翼的、正在同迦太基右翼努米底亚骑兵正面交战的同盟国骑兵的背部，在前后夹击下，罗马左翼骑兵崩溃了。哈斯德鲁巴实施追击，将对方残余骑兵驱逐出战场
汉尼拔的左翼骑兵
4 此时越来越多的罗马步兵向中心涌入，挤作一团，士兵连挥动武器都感到困难
在敌我两股力量自然冲击下，迦太基阵形趁势向内旋转，将8个罗马军团全部卷进“口袋”
5 这时，大获全胜的哈斯德鲁巴率迦太基骑兵返回战场，赶紧封住“袋口”，并从背后向罗马军团发起致命的打击

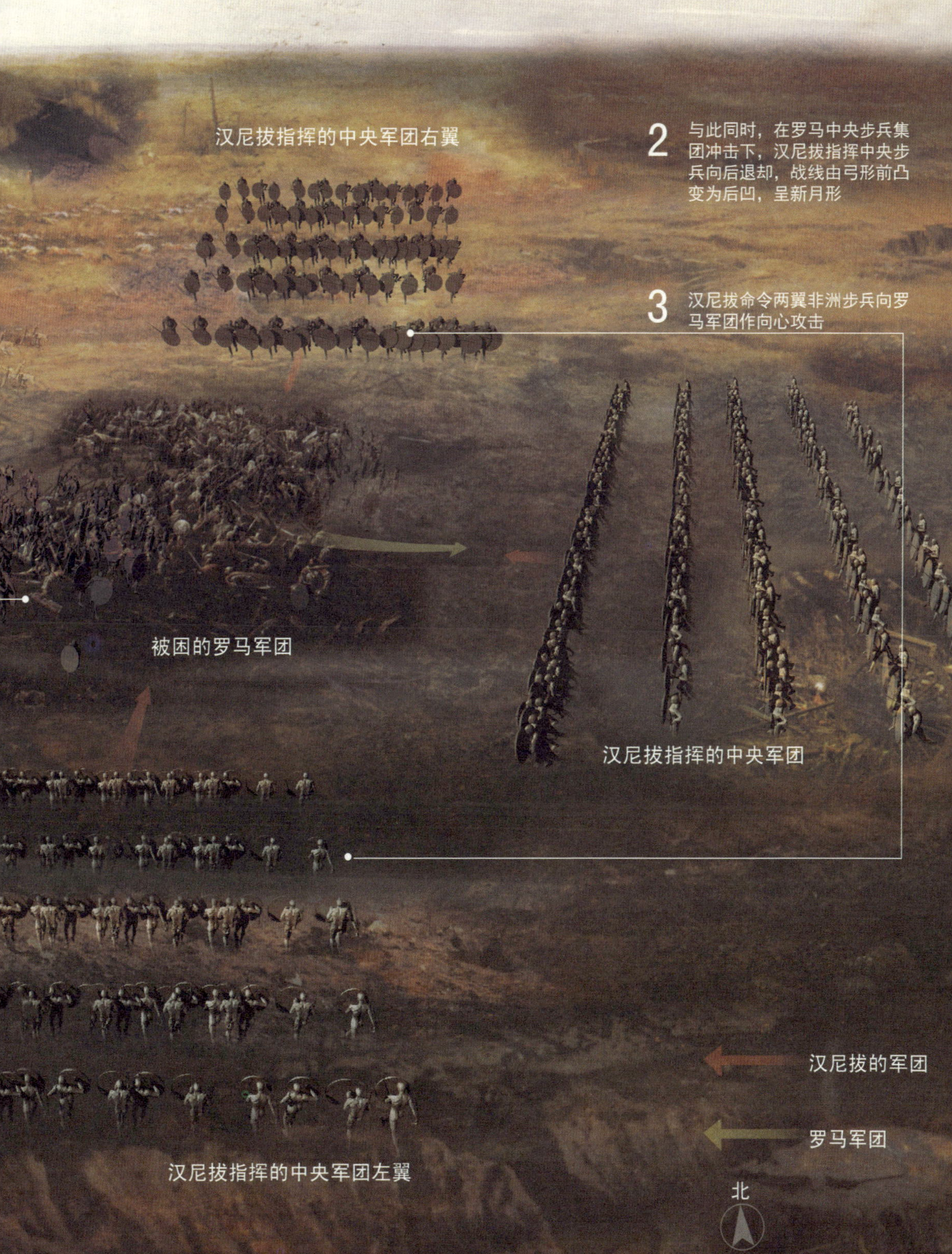
汉尼拔指挥的中央军团右翼
2 与此同时，在罗马中央步兵集团冲击下，汉尼拔指挥中央步兵向后退却，战线由弓形前凸变为后凹，呈新月形
3 汉尼拔命令两翼非洲步兵向罗马军团作向心攻击
被困的罗马军团
汉尼拔指挥的中央军团
汉尼拔的军团
罗马军团
汉尼拔指挥的中央军团左翼
北

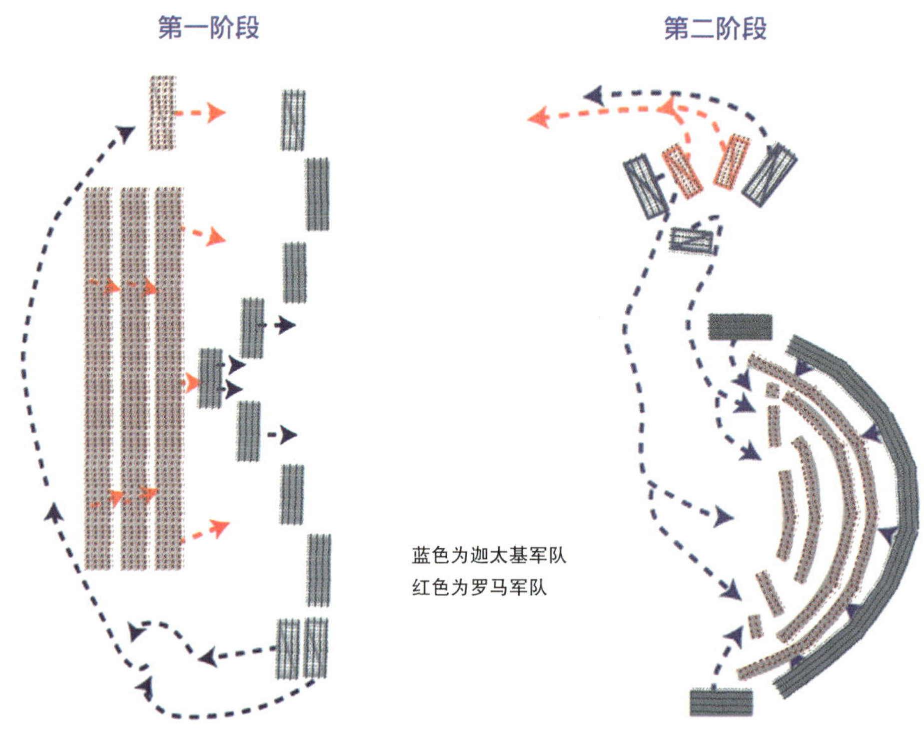

在左翼，努米底亚骑兵部署在右翼，近接骑兵两侧的是非洲重装步兵，中央则是伊比利亚步兵和高卢步兵。

坎尼会战

公元前 216 年 8 月 2 日上午，西方军事史上经典战役——坎尼会战拉开序幕。

汉尼拔站在山坡上向东北方眺望，只见罗马兵阵铿亮的头盔和标枪枪尖发出刺眼的亮光，罗马帝国成立以来，从来没有一次战役投入 7 个军团的先例，汉尼拔深知大战在即。

罗马执政官瓦罗首先命令罗马军出击，战斗打响，当罗马军团就要冲到迦太基阵列时，两军散兵迅速从战线中后撤，留出空隙，让骑兵搏杀。

双方骑兵相互冲到对方阵前，顿时战刀拼杀的金属碰撞声，受伤士兵的吼叫声响彻云霄。在迦太基部队的左翼，哈斯德鲁巴率领的伊比利亚和高卢骑兵很快就挡住了罗马骑兵的冲杀，罗马骑兵大部分被歼灭，残部沿河道逃跑，迦太基骑兵追歼。

在迦太基部队的右翼，努米底亚骑兵与数倍于自己的罗马左翼骑兵奋力拼杀，战斗激烈难分胜负。在战线的中间部位，罗马军向较为薄弱的伊比利亚和高卢步兵方阵推进，伊比利亚和高卢步兵慢慢后撤，他们开始形成的凸形战阵先恢复平直，然后变成凹形。伴随迦太基战线后退，罗马军不断向中心涌入，这些其实是汉尼拔设下的局。

这时在中心区的罗马军挤成一团，难以动弹，收口袋的时候到了，此时左右翼的重装非洲步兵突然包围了罗马军，并向中央压进。

同时，哈斯德鲁巴及其骑兵已绕过罗马军，从背后夹击与努米底亚部队相对的罗马左翼骑兵。罗马部队的骑兵夺命而逃，努米底亚派出骑兵追击。然后哈斯德鲁巴赶往攻击落入“口袋”中的罗马兵团，并切断他的后退之路。罗马军被杀得尸横遍野，罗马执政官保卢斯被杀，罗马方面还损失27位护民官以及80位元老院议员。此战以汉尼拔军队完胜而告终。

“坎尼模式”是军事史上第一座高峰

判断你是不是个军事迷，应该说最基本的标准,就是是否知道“坎尼模式”。

汉尼拔在坎尼会战中使用双重包抄战术被视为历史上最伟大的战场调动战术，他也是世界上首次使用钳形战术的人。

汉尼拔首创的战术不同于传统阵式，他按兵种特性和战斗素质来布阵，把弱族放在中间，重装步兵作辅助，两翼布置骑兵。他首先命令两翼精锐骑兵先击溃较弱的罗马骑兵，然后从后攻击罗马步兵，让罗马兵攻击自己较弱的中军，然后两侧的非洲重装兵对罗马兵施行关门打狗的战术。

当汉尼拔的部队从凸形变成一条直线后，中军继续后退，形成一个新月状阵式，侧翼战线会因战线延长厚度变薄，并向罗马中军发起突击，两侧作旋转进攻，这样既能阻延罗马骑兵的前进步伐，又能对己方的部队作有效的部署。再加上汉尼拔军队是背靠奥菲杜斯河，因此可确保迦太基的后方不可能受罗马军队攻击。

从后世的角度来看，坎尼会战其实在迦太基与罗马较量中并没有起到很大的战略作用。因为，它仅仅是第二次布匿战争中的一个亮点，汉尼拔虽然消灭了罗马军队的大量主力，但由于后勤供应和实力跟不上，他没有进攻罗马城。而且，罗马共和国的恢复能力很强，他们很快组成新的军团御敌。汉尼拔实际被限制在意大利南部达十几年之久，直到聪明的罗马人使出“围魏救赵”的绝招，直接攻入非洲老巢，汉尼拔才被召回，但可悲的是这位唯一能阻挡罗马军队的迦太基人，却由于罗马人设计的离间计，而死于自己人手里，这种死是最悲剧的，用彭大将军的话就是“没有倒在敌人的枪口下，却倒在自己人射来的子弹下”。

汉尼拔唯一一次失败是那场扎马决战，这场战役中的罗马军队多数军人和将领，都是10多年前坎尼战役中被战死的士兵和将领的儿子们与孙子们，他们士气高昂地要为前辈复仇。汉尼拔最终被坎尼会战中成长起来的罗马军队年轻将领所击败。

第二次布匿战争的结束以罗马胜利而告终，由此，罗马奠定了其在地中海的霸主地位。但罗马人还不善罢甘休，在第二次布匿战争结束的70多年后发动第三次布匿战争，这一次完全是为了征服，将迦太基从地图上除去。

战争只进行了3年，罗马人就将没有汉尼拔的奄奄一息的迦太基王国彻底攻陷，随即展开一场惨无人道的“屠城”行动，对敌人斩草除根。

坎尼会战留给后世的不是怎样改变战场格局，而是其战略思想。汉尼拔被军事界称为“战略之父”，后来军事史上的不少成功作战案例，都与“坎尼模式”有关。

应该说“坎尼模式”对德国现代军事理念影响较深，德军向来是一支重理论研究的军队。一战前，德国陆军总参谋长施里芬特别崇尚“坎尼模式”，他的入侵法国最著名的“施里芬计划”，用的就是汉尼拔这种新月形旋转作战的手法，还将之发扬光大了。

在后来的现代战争中，这种钳型战术的运用更是数不胜数，所以说，坎尼会战是西方军事史上第一座高峰。

各位看官，我浅薄地说，要想成为军事迷或半军事迷，记得会说上几句“坎尼模式”的专业术语来唬人。

罗马埋葬希腊的关键一仗

——马其顿战争之狗头山会战

话说公元前 4 世纪，亚历山大让波斯王赔了自己的女儿、国家、老命以后，应该说希腊人是打遍天下无敌手了，从地中海到印度洋都由仅此一家的“希腊房地产公司”所垄断。

可惜大老板亚历山大早走，风流一生竟没有留下一粒种子，才使一个即将走向辉煌的大希腊垄断公司四分五裂。经过几十年的争斗，亚历山大的手下们最后将这个大垄断公司划分成大大小小的“房地产公司”。有亚历山大血统的安提柯家族领走亚历山大的本国马其顿，它占有的土地有马其顿和希腊半岛。

1 公元前 200 年秋，罗马执政官伽尔巴率军，从亚平宁半岛最东端的布林迪西出发，登陆并占领对岸的阿波罗尼亚，将其作为深入希腊半岛的桥头堡
亚得里亚海
罗马
布林迪西
亚平宁半岛
伊奥尼亚海

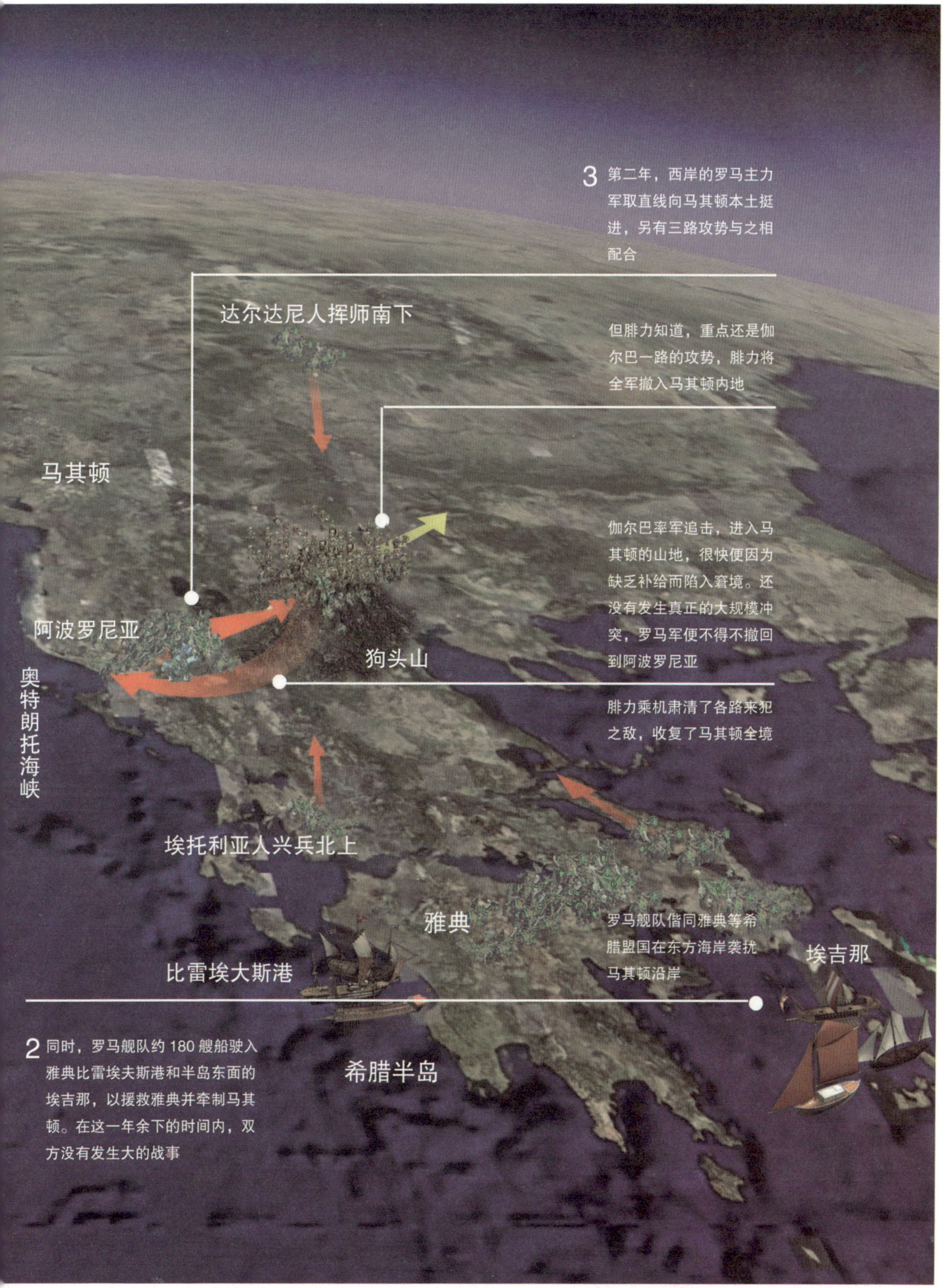

3 第二年，西岸的罗马主力军取直线向马其顿本土挺进，另有三路攻势与之相配合

达尔达尼人挥师南下

但腓力知道，重点还是伽尔巴一路的攻势，腓力将全军撤入马其顿内地

马其顿

伽尔巴率军追击，进入马其顿的山地，很快便因为缺乏补给而陷入窘境。还没有发生真正的大规模冲突，罗马军便不得不撤回到阿波罗尼亚

阿波罗尼亚

狗头山

奥特朗托海峡

腓力乘机肃清了各路来犯之敌，收复了马其顿全境

埃托利亚人兴兵北上

雅典

罗马舰队偕同雅典等希腊盟国在东方海岸袭扰马其顿沿岸

埃吉那

比雷埃大斯港

2 同时，罗马舰队约 180 艘船驶入雅典比雷埃夫斯港和半岛东面的埃吉那，以援救雅典并牵制马其顿。在这一年余下的时间内，双方没有发生大的战事

希腊半岛

1 公元前198年春，罗马再度易将，新任执政官弗拉米尼努斯接任全军统帅。他率军再度深入希腊半岛。腓力南下迎击，两军在亚乌河谷对垒一个多月
2 最后，罗马军从小道绕至马其顿军背后突施奇袭，马其顿损兵2000人，不得不退守腾伯山口
罗马军
马其顿军
亚乌河谷对垒
罗马军
罗马军营
6 罗马人在毫无防备时受到猛攻，大雾中什么都看不清楚，还以为马其顿的主力已经倾巢来袭，于是慌里慌张地逃下山来，向弗拉米尼努斯报告，说马其顿的主力军已经占据了山顶，并向我军侧面袭来
罗马军骑兵

3 公元前197年春，弗拉米尼努斯率罗马军从希腊半岛东南部大举北上，并调集了船队，从撒丁岛、西西里和非洲各地运载粮草，沿希腊海岸前进，以解决军队在马其顿境内的补给问题
4 腓力探到罗马人的动向后，也率军从腾伯南下色萨利，主动邀击敌军。到了6月的一天，不知不觉中，双方的主力军已经只隔着一座山脊。等到侦察骑兵发现对方时，双方又都因为地形不便而不愿开战，后来分别沿着山脊两侧平行前往山脊尽头的一个小镇——斯库图萨
腾伯山口
罗马军
色萨利
斯库图萨
5 两军隔着山脊走了两天，第二天傍晚，他们先后来到狗头山，这一天晚上，双方就在此山的两边分别安营扎寨
第三天清晨，弗拉米尼努斯和腓力都担心对方会趁雾色偷袭，于是各自派出一支骑兵，向狗头山方向进行侦察
几个罗马人在雾中登上山脊，却看到一支马其顿骑兵赫然已在上方巡视。马其顿人发现罗马兵忽然从浓雾中出现，立即策马冲来
狗头山
马其顿军骑兵

5 罗马军不但没有退去，反而正在以军团阵形在山腰上向上前进

6 罗马军团远不足以和方阵正面对抗，但他们并没有崩溃，而展现出良好的灵活性和纪律性。随着马其顿方阵的步步进逼，罗马军团的正面开始向内凹进，一个个中队转向两边

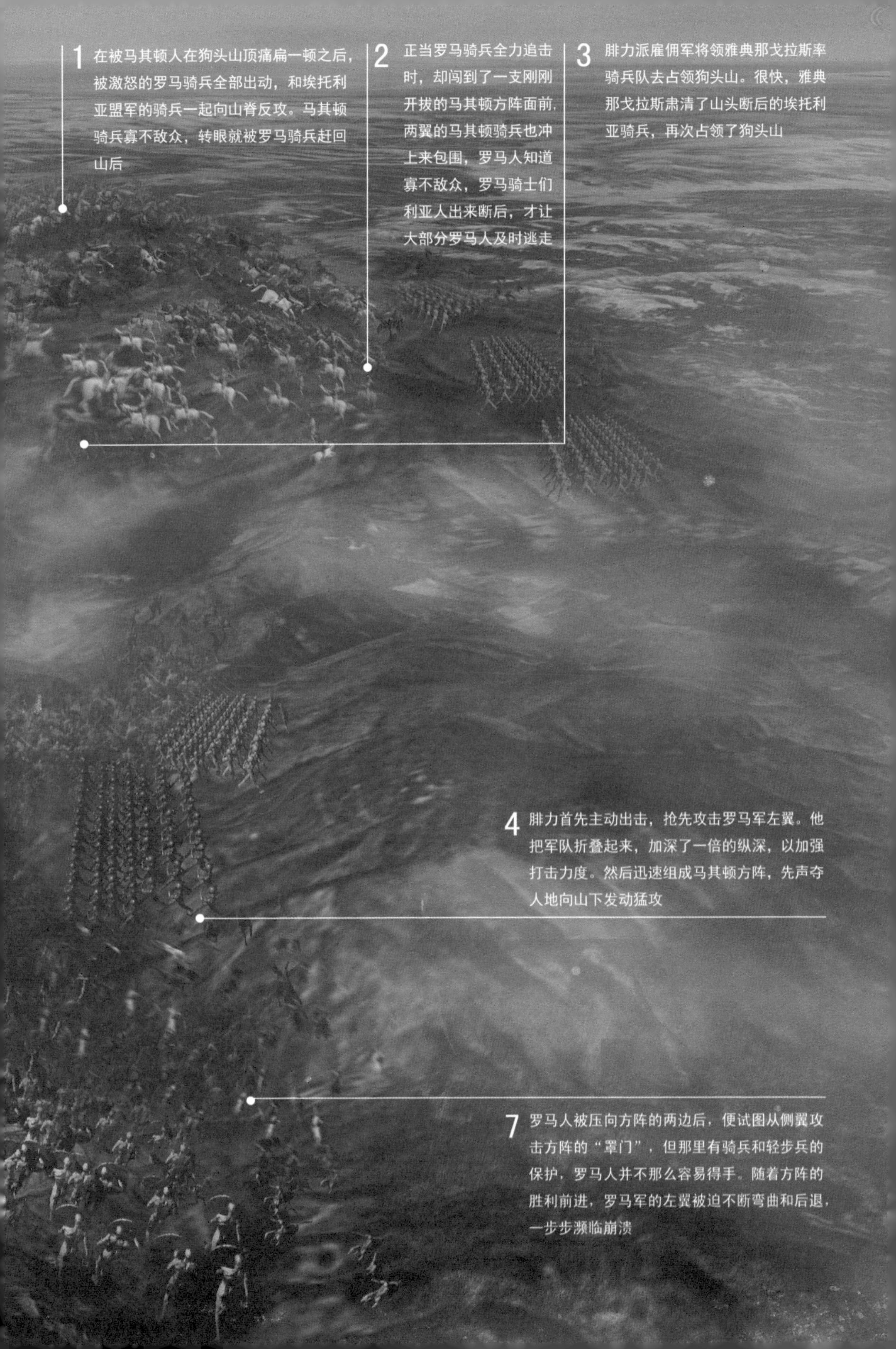

1 在被马其顿人在狗头山顶痛扁一顿之后，被激怒的罗马骑兵全部出动，和埃托利亚盟军的骑兵一起向山脊反攻。马其顿骑兵寡不敌众，转眼就被罗马骑兵赶回山后

2 正当罗马骑兵全力追击时，却闯到了一支刚刚开拔的马其顿方阵面前，两翼的马其顿骑兵也冲上来包围，罗马人知道寡不敌众，罗马骑士们利亚人出来断后，才让大部分罗马人及时逃走

3 腓力派雇佣军将领雅典那戈拉斯率骑兵队去占领狗头山。很快，雅典那戈拉斯肃清了山头断后的埃托利亚骑兵，再次占领了狗头山

4 腓力首先主动出击，抢先攻击罗马军左翼。他把军队折叠起来，加深了一倍的纵深，以加强打击力度。然后迅速组成马其顿方阵，先声夺人地向山下发动猛攻

7 罗马人被压向方阵的两边后，便试图从侧翼攻击方阵的“罩门”，但那里有骑兵和轻步兵的保护，罗马人并不那么容易得手。随着方阵的胜利前进，罗马军的左翼被迫不断弯曲和后退，一步步濒临崩溃

腓力此时已经率军冲下山坡，去冲击罗马军岌岌可危的左翼
当腓力正以为自己即将获得全胜时，罗马军已反过来占领了狗头山顶，并居高临下，俯冲向腓力的后方。正在前进中的马其顿方阵尾部几乎毫不设防，等到马其顿人感到后方受袭，要转过身来防守时，却因为累赘的长矛和密集的阵形而难以动弹。刚才还威风凛凛的马其顿方阵，转眼已经不成阵形
一个个马其顿人漫无目的地四处逃命，很快被罗马人严整而灵活的战斗阵形一一消灭。这几乎不是在战斗，而是在屠杀

当腓力率右翼的方阵步步推进时，弗拉米尼努斯开始转到了他的左面，亲率罗马军右翼越过峰顶左侧的山脊，向另一面进发，企图抢先击溃马其顿军左翼

在马其顿声名鹊起的时候，在意大利半岛就有了一个名为罗马的小村庄。由于亚历山大的“房地产公司”大规模拆分重组，才给了罗马一个重要的发展机遇。

很多年以后，从混乱中缓过劲来的马其顿才发现，一个原先连城邦都算不上的罗马帝国，居然“牛”到了自己的身边，这时想对这只怪兽下手已经很难了，因为它已经强大到无法吞下，不单

一个罗马护民官此时看到马其顿军的左右翼已经被切断，而右翼的后方也完全暴露出来，于是当机立断，率队赶向左方的狗头山峰顶，从后面袭击腓力军

这一次罗马人并没有首先出动他们的军团，而是驱使迦太基俘虏的战象，朝着山下军容不整的马其顿方阵直冲过去。不等大象奔到，许多人立即抛下手中的长矛四散奔逃。刚刚成形的方阵土崩瓦解。罗马人追亡逐北，大获全胜

这样，手持长矛的猎手反倒发现自己成了对方的猎物。

马其顿从第三次布匿战争起，就站在迦太基一边，协助其进攻罗马，让罗马两面受敌。在罗马人消灭了迦太基后，就开始收拾马其顿这个希腊老冤家了。

可怜的希腊，这位文明发源的“祖师爷”，屡屡被他的学生所征服。如果他知道在遥远的东方也有一个跟它经历相同的大国时，当会得到些许安慰。

罗马军团的荣耀——标枪

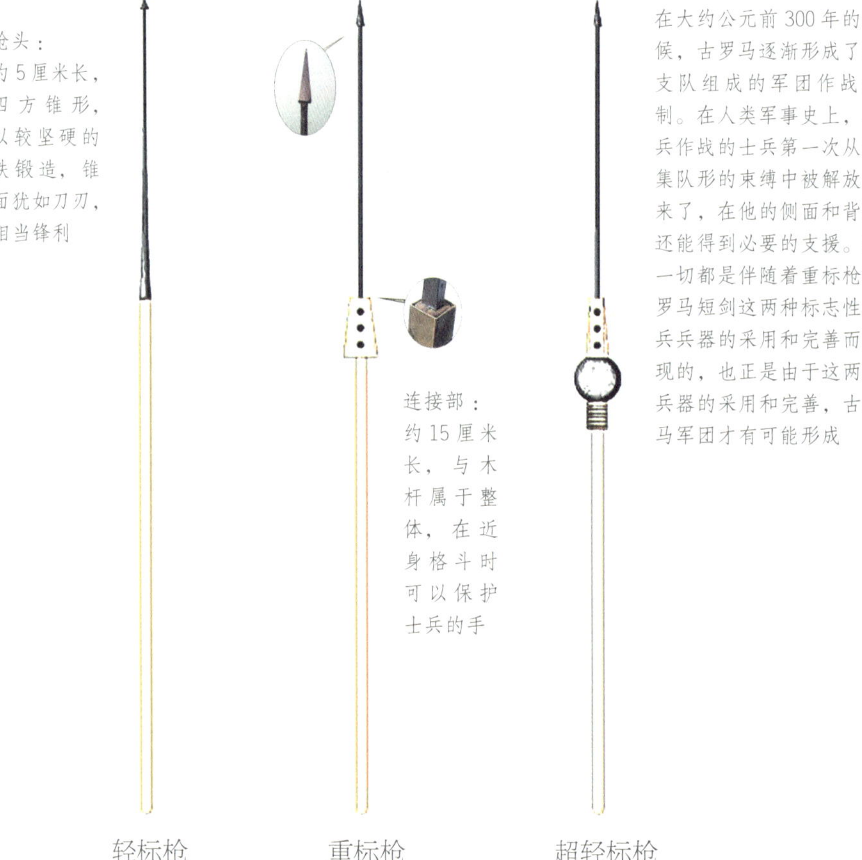

在大约公元前300年的时候，古罗马逐渐形成了由支队组成的军团作战体制。在人类军事史上，单兵作战的士兵第一次从密集队形的束缚中被解放出来了，在他的侧面和背后还能得到必要的支援。这一切都是伴随着重标枪和罗马短剑这两种标志性单兵兵器的采用和完善而实现的，也正是由于这两种兵器的采用和完善，古罗马军团才有可能形成

铁杆在锻造时，底部成中空环套状，装在木杆上

射程在27米左右，18米范围内有杀伤力

这种标枪实质上是重标枪的改进型，铁杆更纤细和柔软，仅重2公斤，虽然穿透力稍差，但由于在连接部后加装了一个球形把手，使标枪在投掷出去后运动更加平衡，射程可达50米

两种用法

投掷武器：
罗马军团的标枪，最大的用途当然是用来投掷，不过它的杀伤力并不太强，标枪的功用在于扰乱敌军的队形、让敌军的盾牌无法使用。

近战长枪：
与敌人进行近身格斗时，假如把重标枪握在手里，则完全可以将其当做一支威力强大的近刺长矛来使用。

罗马人发明的武器

弹弓

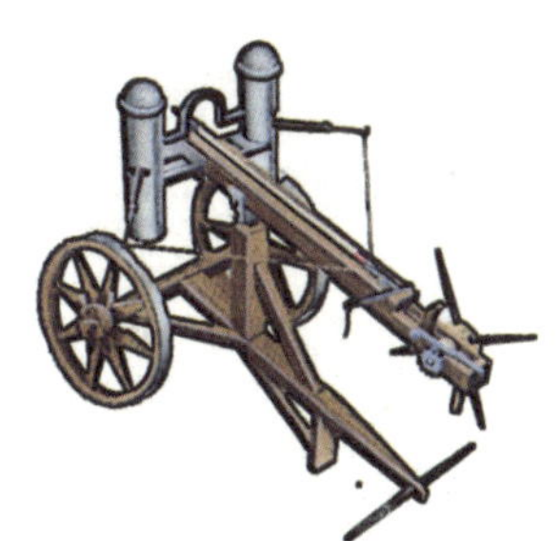

弹弓

弩炮

如果第一阵列久战不胜，则按原队形从第二
阵列的空隙中退下，退到整个军团的最后
此时，第二阵列便成为新的第一阵列，此阵列
是整个军团中最强悍的士兵，以同样的方式后
队插入前队组合起来，发动第二次攻击高潮

罗马军团每个军团约由6000名步兵和300名骑兵组成

在遇到敌人时，首先由骑兵队侦察敌情

第一阵列首先投出标枪

然后第一阵列出战，组成战斗队形，此时每个中队后方的百人队迅速向前插入中队之间的空隙中，正好可以填满所有空隙，使整个阵列成为一个密不透风的整体

青年兵

壮年兵

久经沙场的老兵

步兵分为前后3条阵列，每一阵列约为2000人，分为10个中队，每个中队（200人）包括前后2个百人队（100人）

罗马军团的覆灭

——亚德里亚堡会战

大家应该知道，中国的内蒙古和让世界震惊的匈奴多少有点联系，蒙古人的先辈就是匈奴人。

一千多年前的匈奴在欧洲比中华帝国出名多了，至今你到欧洲依然能看到很多匈奴人的影子。我在俄罗斯看到不少黑眼睛、黑头发、长相和我们中国人一模一样的人,我以为自己遇到“同胞”了，上前打声招呼或问个路，结果人家不知所措，开始我还以为他们是华侨，由于几代在国外,已经不懂“国语”了。后来，俄罗斯人告诉我，他们是真正土生土长的俄罗斯人，之所以长得像咱们中国人，是因为当时匈奴人远征欧洲，长期统治俄罗斯，他们的种子在俄罗斯土地上开花结果而产生的。从俄罗斯人身上，能看得出欧洲人、亚洲人相结合的优点。我到过世界不少国家,有“色”心地比较过世界各地的美女，我始终认为俄罗斯和附近乌克兰的姑娘是全世界最美的。在莫斯科和基辅街道上，随便在街上找一个 20 岁左右的姑娘，拿到我们的选美大赛上，我看准能跻身前三甲。这些“功劳”应该归功于蒙古族人的祖先匈奴民族。

那么匈奴人是怎样创造这一历史的

西方居民眼中的匈奴人

呢？请听我一一道来。

北匈奴出走

话说公元88年的东汉章和二年，这一年汉章帝刚刚驾崩而去，10岁的太子刘肇继位，由于年龄太小，由母亲窦太后垂帘听政，但大权渐渐被窦太后兄弟窦宪和窦笃所掌握。这时候皇室中的“高干子弟”刘畅被刺，窦太后大怒严查，结果真相大白，是太后的哥哥窦宪买凶杀人，其目的是怕刘畅得到自己妹妹窦太后的宠信,削弱了自己的权力。

窦太后知情后显然犯了难，不知怎样处置才能平息朝野的议论。

这时南匈奴派使者前来朝见，请求朝廷派出“志愿军”，和南匈奴的军队一起，夹击北匈奴。南匈奴向来向汉朝称臣，在对付北匈奴中，两方凝成牢不可破的战斗友谊。窦宪抓住这个良机，上书请求当这个“志愿军司令”，带兵征讨北匈奴，戴罪立功。

窦太后就干脆顺着这个台阶下，力排众议，下诏让窦宪带兵出塞讨伐北匈奴。

第二年经过艰苦的战斗，窦宪的部队和南匈奴军胜利会师。在稽落山（今蒙古国西南）会战中取得大捷,杀死1.3万多人，北匈奴81个部落20多万人投降。此后,窦宪继续追歼北匈奴残部。永元三年在阿尔泰山下击溃北匈奴最后的据点，连北匈奴王单于的母亲也成了俘虏，单于率领数万部队逃往西域。

正是这支西迁的部队，产生一连串连锁反应，搅得西方世界天翻地覆，达300年之久。

罗马人、匈奴人、哥特人一起“玩”

当窦宪的“志愿军”横扫北匈奴军时，西方的罗马帝国正如日东升，拓展疆土，达到了极盛时期。这时候，北匈奴离开蒙古大草原之后，分成两个部落，其中一部居住在里海东部，被称为白匈奴人，后来还一度侵犯印度；另一部几经跋涉，于260年左右到达里海之滨的钦察草原，即今俄罗斯和乌克兰一带，并在此定居下来，过了将近100年，一场可怕的饥荒又迫使一些匈奴人沿黑海北岸西进，发现了无边无际、水草丰美的类似蒙古的大草原，于是回来动员全族迁移。在公元350年后，匈奴人举族西迁于此。

当时西方人眼中的匈奴人完全是魔鬼，首先是完全不同于他们的“异形”外表，食生食，不调味，吃树根和放在他们马鞍下压碎的嫩肉。但他们马术超群，并且射箭技术无与伦比，他们能以惊人的距离射出利箭,箭头像铁一样硬，能直入人的骨头。匈奴人首先收拾了黑海边上的游牧民族阿兰人，并将他们变为自己的盟国，于327年左右，又侵入哥特人的领土,和哥特人“玩”上了。

说起哥特人，他可是日耳曼人的一支，来自于斯堪的纳维亚半岛，他曾是罗马帝国的魔星。在250 ~ 270年间，哥特人从俄罗斯平原南下，一直打到小亚细亚和希腊，罗马帝国用了20年时间才降服他们。从此，哥特人老实多了，在罗马边界安顿了下来，分为东西两部，东哥特人居住在德涅斯特河与多瑙河之间。哥特人同罗马人做邻居 100 年，已成为一个半文明的民族，创造了自己的文字，建立自己的城市。哥特人也到罗马军队中服役，哥特贵族子女也热衷到罗马帝国大城市“留学”。但此时匈奴人一到却改变了一切。

东哥特几乎一夜之间被匈奴骑兵所征服，恐怖蔓延到西哥特，他们不战就已经崩溃。公元 376 年，在酋长阿塔纳里克和菲列迪根等人带领下，几十万哥特人涌到多瑙河边，向罗马守将求救，请求让他们渡河，获得罗马帝国庇护。

当时罗马老皇帝瓦伦提尼刚刚逝世，儿子格拉提安继位才 15 岁，帝国的东部由东部皇帝瓦伦斯统治，正苦于和波斯交战兵力不足。当听到哥特人请求入境避难这个消息时，喜出望外。于是，他提出允许哥特人渡河，但必须收缴所有武器和把未成年男孩作人质。

哥特人表面同意，但渡河时却把武器收藏在行李中，罗马军队只顾收受贿赂，玩弄哥特女人，对收缴兵器睁只眼闭只眼。哥特人渡河后，根本不服从罗马管束，投奔到菲列迪根的麾下，令其势力坐大。

罗马边将为了消除隐患，摆出了“鸿门宴”，先埋下杀手，然后邀请菲列迪根等哥特首领来赴宴，以便一网打尽。但菲列迪根本人却逃脱了，他回头率领部队造反，把罗马军队击溃，随即哥特人占领整个色雷斯地区。

哥特叛乱之事传到瓦伦斯耳中，他立即和波斯停战。于公元 376 年底，派出大将普罗夫图卢斯和图拉真回师平定叛乱，就这样爆发了第二次哥特战争。

瓦伦斯贪功冒进

哥特人和匈奴人同被罗马人称为“蛮族”，这两个受压迫的民族，同病相怜，这时，摒弃前嫌联合起来，造罗马帝国的反，他们联合起来组成反罗马蛮族大联盟。这时菲列迪根已把色雷斯打造成反罗马的根据地，受罗马帝国压迫的人们——罗马帝国的矿工、逃亡的奴隶像鸟兽投林一样，聚集在色雷斯，紧密地团结在以菲列迪根为核心的反罗马联盟周围，向罗马帝国发起最猛烈的进攻。

在西部，同属哥特人血脉的日耳曼人也响应号召开始侵入高卢。西部皇帝格拉提安不得不率军北上抗击，一时间罗马帝国局势大乱，岌岌可危。

本来负责平叛的罗马军队已经将哥特人赶回多瑙河畔，但此时哥特人已和匈奴人组成联盟，即将南下收拾他们的传言，吓坏了罗马军，他们军心动摇，急忙撤退。不久令罗马人胆战心惊的匈奴等蛮族援军果真赶来，哥特人像得了救命恩人一样，如虎添翼，这就是为什么一直到今天，德国人对欧洲人感情上多少有些不和，而与东亚人保持友好的原因。

罗马人习惯的是大军团、正面决战方式，而游牧民族的蛮族军队却不玩这种战争游戏，喜欢依靠骑兵的机动性，忽东忽西，忽进忽退，反复奇袭从不正面接战的手法，让罗马军摸不着头脑，不知所措。罗马军只得退守几个大城市，蛮族联军走的就是迂迴包抄的路子。由于蛮族还没有攻城的器械，只得形成两军对垒的僵持局面。

但后来，罗马人也摸透了蛮族人的脾性，以其人之道还治其人之身。公元378年春，瓦伦斯回到君士坦丁堡，派了一名优秀将领塞巴斯蒂安负责对哥特人的战争。塞巴斯蒂安改革了过去传统

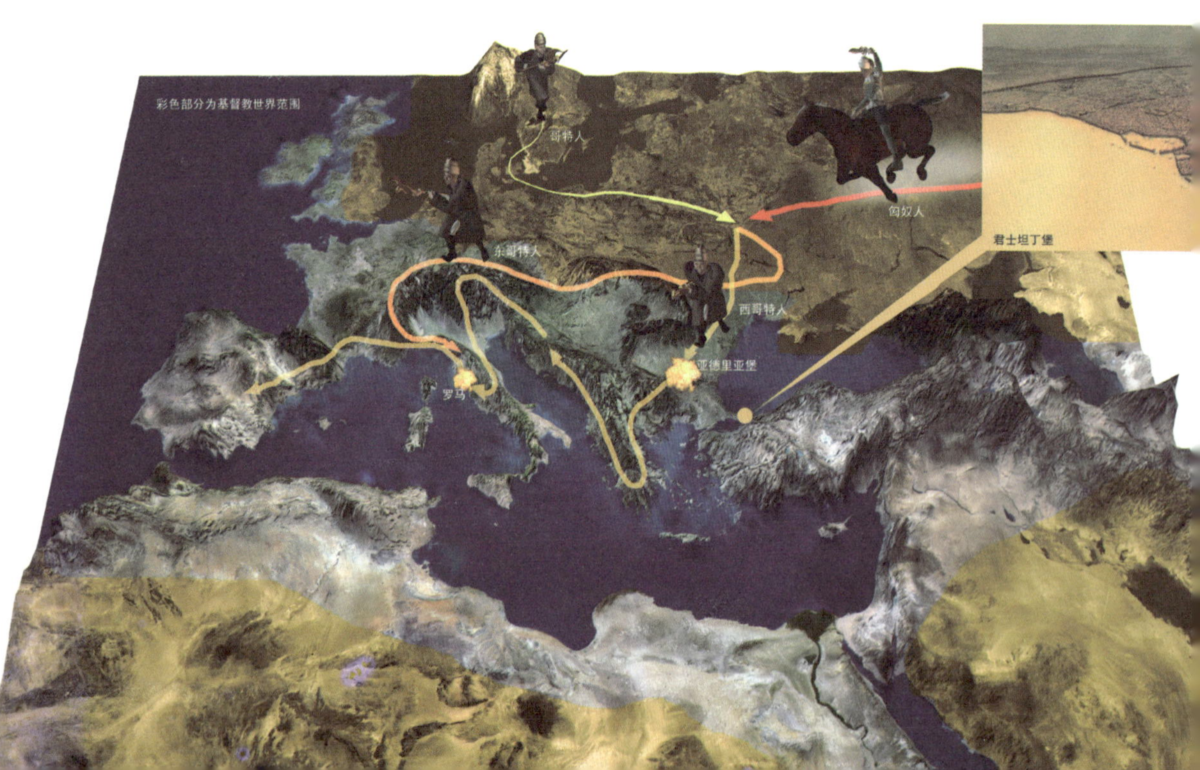

的兵团作战手法，只选出少量精兵，组成一支机动性很强的突击部队，对哥特人予以重点打击。在一次夜袭中，区区2000罗马军竟然全歼哥特人的一部分大军。这时轮到菲列迪根闻风丧胆，为避免被罗马军机动性地各个击破，他把手头所有部队集结在亚德里亚堡附近，安营扎寨，严防死守。塞巴斯蒂安则坚壁清野，围住哥特人，让他无路可逃。

这时候西部皇帝格拉提安在莱茵河上歼灭了日耳曼人达4万多人，派人来向叔叔报捷，并率领高卢军团沿莱茵河东进，协助讨伐哥特人。但瓦伦斯深感不安，他不能忍受侄子的军功超越自己，而且他得到错误的情报说哥特军队才1万来人。只要他亲自御征，胜利果实唾手可得。

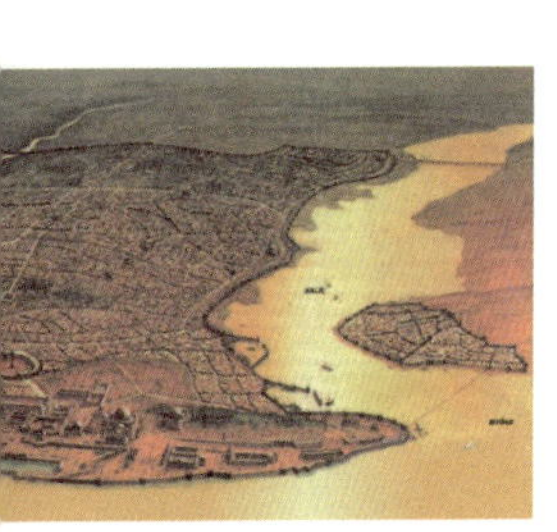

于是8月初，瓦伦斯亲率6万大军向亚德里亚堡挺进。塞巴斯蒂安得知忙派人进谏，希望皇帝不要冒进，但瓦伦斯看来，这是塞巴斯蒂安想独吞战功，于是根本不予理睬，决心对哥特人开战，塞巴斯蒂安只有服从。

面对罗马人即将到来的进攻，菲列迪根势单力薄，老少妇孺有10万之多，兵员至多2~3万人，虽然比瓦伦斯估计得多，但仍然处于劣势。于是，他派人求和，愿意接受招安，条件是把色雷斯作为哥特人的属地。对于这个忘恩负义没有什么道理可讲的蛮族的乞求，瓦伦斯嗤之以鼻，根本连商量的余地都没有。8月9日凌晨，瓦伦斯在亚德里亚堡留下辎重，从城内出发，亲率大军向城北约20公里的哥特大本营进发。

亚德里亚堡会战

8月的夏天，骄阳似火，色雷斯的平原上，一支大军正冒着酷热前进。右翼骑兵前方侦察，左翼骑兵殿后护卫，瓦伦斯率领的4万步兵位于中央，虽然是赫赫有名的军团，但此军团已非早期英勇善战的罗马军团了，罗马帝国到了后期，培养出一大批贵族，战斗的任务往往交给蛮族雇佣军，这次蛮族造反，只有贵族们亲自上马了。但此时的罗马“少爷兵”已经在烈日下连续急行军七八个小时，都饥渴难熬，筋疲力尽地蹒跚而行。

中午时分，罗马军终于看到哥特人的营地，在一个小山坡上，千百辆大篷车围成一个圆形，这就是哥特人传统的“车城”战术，在车城里有弓箭手和步兵已经一字排开，准备迎敌，但却没有骑兵。瓦伦斯大失所望,本来是想奇袭，但大军一到变成了打阵地仗了。他只能临时布阵：右翼骑兵固守右前方，从后面匆匆赶来的左翼骑兵部署在左前方，中央步兵由前进的纵队转为横队，组成传统落后的军团阵容。

哥特人在车城里乘凉，养好体力，准备出击疲倦的罗马军。但此时，菲列迪根有自己的烦恼，他的骑兵部队由阿拉提和萨伏拉克斯带领出去寻找粮食，与大军失去了联系。当发现敌人时，马上派人去找又找不到。在没有骑兵参战的情况下，胜算多少确实没谱。因此，菲列迪根派人去罗马军中“议和”以拖延时间。

其实，罗马军以疲惫之师也不想马上开战，能先“议和”拖延一下时间也正中下怀。反正双方都不想达成和解。瓦伦斯借口对方级别太低，根本不配和自己谈判把对方打发走，但又不甘心就此中断“议和”，又赶紧派几名御使前去哥特营地，想再拖几个小时。

但当御使们接近“车城”时，哥特人误会了，以为是罗马军来偷袭，于是按计划放火，以阻挡罗马人。此时，罗马人也判断错误，认为是哥特人借烟火掩护发动突袭，护卫人员赶紧发箭，哥特人也给予有力的回击,大家你来我往，会战糊里糊涂就爆发了。

恰好这时候，阿拉提和萨伏拉克斯得到消息率领骑兵队伍快速赶来，只见双方已经接战了，于是直接从山坡上直冲下来，与罗马右翼骑兵交上了火。据说这支骑兵是匈奴人，作战能力远远高于罗马的“礼仪”式骑兵，罗马骑兵只有招架之功，没有还手之力。菲列迪根见作战形势已有利于自己，马上命令车城中的步兵发起冲锋，向罗马的中军和左翼杀去。

罗马军的右翼骑兵和哥特骑兵鏖战不休，罗马骑兵明显招架不住了，不断地被压向左侧，另一面，罗马左翼骑兵对付哥特步兵有明显优势，并把他们赶回车城。但哥特人在回到车城后，用猛烈的箭雨和标枪射向罗马骑兵，阻止他们的进攻。然而这支罗马骑兵并没有退回自己阵中，而是绕向车城的侧后方，找一个哥特人防守薄弱的地方攻击。这下给罗马军造成了一个致命的后果：左翼骑兵和主体步兵军团脱节，出现空隙。这下哥特人机会来了，他们潮水般地涌向空隙，阻断了罗马左翼骑兵和中军步兵的联系。左翼骑兵人数本来就少，很快被哥特人包围歼灭了。接着，哥特人从左面猛攻罗马军团没有保护的侧面，直至绕到后方直插罗马军背部。后面的罗马军连布阵都未完成，就匆忙应战，只能任由哥特人攻击，罗马军军阵已经大乱，根本无法恢复，失败已经显而易见了。

更惨痛的事情出现了，瓦伦斯率领的中央步兵军团被哥特人从后方插入后团团围住，情况万分危急，骑兵将领图拉真和维克多急忙赶来护驾，当他们拼命赶走哥特人后，却不见皇帝踪影了。

这时候罗马军的心理防线开始崩溃，军中无帅，只能各自为战了，顿时罗马军一片混乱，大家心中只有两个字"逃命"，于是骑兵赶紧快马加鞭地绝尘于战场，可怜的步兵只能像牲口一样被杀。这时候，战斗已经演变成一场骇人听闻的大屠杀。

无论你是受过多少教育的知识分子，有多少贵族血统，无一不被大字不识，习惯于吃生肉，满嘴鲜血的野蛮人一手拎起头发，像杀马杀牛一样，一刀砍下头颅……

罗马帝国600年的光荣与梦想就此了结，野蛮人战胜文明的历史再次得到血的见证！

历史的大趋势总是前进的，但历史也会有倒退之时！

新生力量总是进步的，但新生力量并不是"进步"的代名词，甚至有时会成为"落后愚昧"的缩写！

罗马左翼骑兵
先在后方掩护，发现哥特人后，他们便被从后方调上来，最初他们表现得很勇猛，以猛烈的攻击将哥特步兵压回了车城，并想趁机攻入车城。哥特人在战车后面以猛烈的箭雨和标枪遏阻了罗马骑兵的攻势。但这支骑兵并没有退回自己的阵线，而是绕向车城侧后方，想找到一个哥特人防守的薄弱环节
罗马左翼骑兵和主体的步兵军团之间出现了空隙，因而被哥特人见缝插针，分割开来
哥特人传统的“车城”
菲列迪根由于骑兵未到，先“议和”，后在阵前放火，以防罗马军偷袭。但罗马人看在眼里，却会错了意，以为是对方打算趁烟火的掩蔽而发动突袭。几个惊慌失措的护卫人员立刻向前面的哥特人放箭，哥特人予以还击，双方各有死伤，使节抱头鼠窜。谈判化为泡影，而会战却意外地发生了
当见到骑兵后，菲列迪根命车城中的步兵立即冲锋，攻向罗马人的中军和左翼
随后，哥特人开始从左面猛攻罗马军团失去保护的侧面，甚至绕到后方直插罗马军的背部。后面的罗马人布阵尚未完毕，面对哥特人的进攻毫无还手之力，罗马军阵形大乱，再也无法恢复
罗马皇帝瓦伦斯亲率约 4 万人的罗马步兵位于中央，发现哥特人后，中央的步兵由纵队转为横队，组成战斗的军团阵容

罗马右翼骑兵
先在前方探路，发现哥特人后，急匆匆地从后方赶上前来，在左前方部署
当罗马后方受到打击后，部分精锐骑兵调离右翼陷入了最后崩溃。在阿兰或匈奴骑兵的打击下，他们连连向左方退却，与向右方逃窜的罗马步兵冲撞到了一起，造成一片混乱
恰好在此时，阿拉提和萨伏拉克斯得到消息率骑兵匆匆赶回，看到双方已经交战，毫不客气地从山坡上直冲下来，与罗马军右翼的骑兵开始交战
就这样，战斗变成了一场可怕的大屠杀，似乎是近600年前坎尼之战的噩梦重演。600年的光荣与梦想化为尘土，千千万万的罗马人不分身份贵贱，落入死神的手中，而罗马从共和国到帝国的千秋霸业也将在此大轮回后走向终结

罗马重步兵

历史的辩证法，总会跟政治家和哲学家开这样和那样的玩笑。

在这场亚德里亚堡会战中，瓦伦斯的下落最后有多种版本，但归根结底只有一条:瓦伦斯这一次肯定殒命于战场。在此战役中丧生的还有图拉真、塞巴斯蒂安等一大批高级将领，35 个护民官以及大大小小的中低级军官及宫廷大臣幕僚。大约 4 万罗马士兵丧生，罗马军主力几乎一半被消灭，以后再也不能恢复元气。

匈奴人登堂入室做主人

历史或许是公平的：几万奄奄一息来自远方大草原的蛮人，居然一战全歼本土帝国主力军团,连皇帝也被击毙了。这真是风水轮流转。

哥特人乘胜兵临亚德里亚堡，但却被守军击退，转而吃更大的“蛋糕”，攻君士坦丁堡，也无功而返，似乎一切又恢复如常。格拉提安任命了新的东部皇帝。哥特人再度提出“议和”，罗马也无力再打下去了，双方妥协，色雷斯由皇帝赏给哥特人居住，哥特人归顺于罗马，并提供雇佣军，已故瓦伦斯皇帝的夙愿竟然荒诞地实现了，瓦伦斯皇帝真是死得比窦娥还冤啊!

这种表面的平静没过多久，在公元 395 年，东部皇帝驾崩了，哥特人再度发动叛乱，这次胜利却十拿九稳，因为罗马军都是哥特人，不可能有任何抵抗，罗马东部一夜沦陷，公元 5 世纪初，西哥特人侵入意大利，于公元 411 年攻入罗马，“永恒之城”遭到空前洗劫。整个罗马帝国在以后 20 年内支离破碎，凄风惨雨，直至西罗马帝国在半个多世纪后灭亡。

罗马的落日缓缓而下，古希腊和古罗马的文明随之消失，600年的黑暗时代即将到来。

从亚洲杀向欧洲的匈奴人开始登堂入室，正式宣布西方世界进入倒退时。

公元5世纪初，西哥特人侵入意大利，于411年攻破罗马，“永恒之城”遭到了前所未有的劫掠和破坏

罗马骑兵

匈奴骑兵

匈奴帝国的欧洲灭亡之役

——沙隆会战

历史上有两个著名男人，最有色心，也最有色胆：一个是马其顿粗人亚历山大，一见到他的死对头波斯王的女儿的高贵、典雅、美貌，就不管三七二十一，一手抢过来再说，搞得波斯王对这个“硬插门女婿”无可奈何，不但要他的整个国家作嫁妆，还要他老人家自己——老岳父波斯王的老命。另一个，可与亚历山大“媲美”的男人，就是匈奴蛮人阿提拉。此话怎讲？不妨八卦一下。

话说西罗马皇帝瓦伦提尼安三世有个唯一的、美貌如花的妹妹，叫霍诺利娅公主，这位公主非常崇尚浪漫的爱情，竟不顾自己的身份与地位，和一个耕田出身的、五大三粗的侍从好上了。这事让老皇帝知道了，如遭雷劈，震怒地吼道：妹妹，你好歹也是一国的公主呵，不能门当户对，最起码也要找个“高富帅”，或者是“经济适用男”吧！找个像泡牛屎踩在脚下一样的仆人，你叫我们高贵的罗马帝国面子往哪搁？！

其实他说的是有道理的，因为这背后隐藏着一个严重的皇位继承权的问

题：从理论上来说，霍诺利娅公主也有继承王位的权利，她的丈夫将不仅是驸马爷，更重要的是可能成为罗马皇帝！

老皇帝震怒之下，把公主幽禁在修道院，一关就是 10 多年。渴望浪漫爱情的公主期盼能逃出去，但谁能违抗皇帝的旨意救她呢？想来想去，全世界的男人中，只有天下无敌的阿提拉了。于是，大约在公元 450 年，公主悄悄地派人送了一枚戒指给阿提拉，表示公主要嫁给罗马人最忌惮的“上帝之鞭”！

这个阿提拉是何许人？“上帝之鞭”又是什么来由？在辽阔的大地上，埋藏着一把神剑，这是上古战神的化身。上古时代的人曾经在这把神剑的保佑下屡战屡胜，但随着时光流逝，神剑渐渐湮没。谁能把神剑找到，就能征服世界。一个牧羊人无意中拾到这把神剑，把它献给了国王，一位征服世界的人就此诞生。

这个真实故事的主人翁就是号称“上帝之鞭”的匈奴王阿提拉。自从 1 世纪中叶，在蒙古高原的匈奴被中国东汉王朝的部队击败后，匈奴人又受到高原新兴的鲜卑族的挤压，不得不向西逃窜，此后 300 年的历史书中都没有提到这些匈奴人的去向，但公元 4 世纪，这个神秘的民族突然出现在欧洲，来到里海北岸的顿河草原游牧为生。

公元 375 年，这个奇怪的民族开始

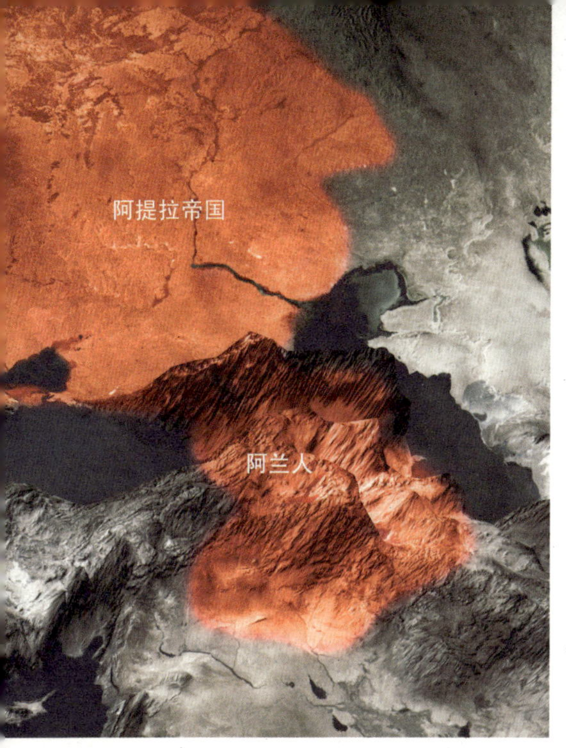

大规模地四处扩张，他们向西灭掉了阿兰人和东哥特人在多瑙河沿岸的国家，向南攻打西美尼亚，一直打到波斯和叙利亚。匈奴人以凶残闻名于世界，所到之处无不留下一片片废墟。到了匈牙利大草原后，他们安顿了下来。公元5世纪初，匈奴头领卢阿统一了匈奴各部，开始计划进攻东罗马帝国。

公元434年，卢阿事业未成身先死，权力转移到他的侄子阿提拉手中。

阿提拉建立了强有力的中央集权。东起伏尔加河，西至莱茵河，南到多瑙河的广袤的欧洲土地上出现了一个庞大的匈奴帝国。在阿提拉统治的20年时间里，匈奴首都布达成了欧洲的政治中心，各国使者、商人、游牧民云集于此，一片喧闹和繁华，匈奴收取多国的贡品，接受各国的臣服，匈奴帝国达到了极盛时代。

5世纪40年代初，阿提拉再次统一匈奴各部后，即向东罗马帝国开战，东罗马根本不是匈奴人的对手，只得忍辱负重，和阿提拉签订不平等条约，割让多瑙河南岸大片领土，每年缴纳“岁币”。阿提拉名声大振，被东西罗马基督徒称为“上帝之鞭”——上帝对堕落人类的处罚。

这时，这位“上帝之鞭”阿提拉收到霍诺利娅公主的戒指后，如获至宝。如果能和这位公主结婚，在顺利情况下，就可成为罗马皇帝，最低起点也可以以合法的身份吞并半个西罗马，实在是美人江山一锅端。有这等好事，阿提拉赶紧派人去罗马迎娶公主，并要求半个西罗马作嫁妆。

瓦伦提尼安皇帝一面敷衍匈奴使者，一面赶紧替公主找个挂名丈夫，表示公主已名花有主了，婉言拒绝。这是再傻的皇帝都会做的事。

同样罗马拒婚的事阿提拉早就预

料到，他就是借这个“桥”，打着拯救未婚妻的旗号，公开地向西罗马挑战，于是历史上最大的“迎亲”队伍组建起来了，匈奴帝国统治下的各欧亚民族全副武装，浩浩荡荡地列队奔向西罗马，据说达50万人之多。阿提拉还派人到罗马宫廷下最后通牒，请立即交出我的未婚妻。

从此，阿提拉可以“理直气壮”地站到西罗马帝国的对立面。

阿提拉和埃提乌斯的兄弟之情

为什么说阿提拉可以“理直气壮”呢？原来另有一段故事。

公元5世纪的罗马帝国已是风雨飘摇。在与各蛮族政权争斗中已力不从心，只能委曲求全，甚至和蛮族社会平等地交换人质，以达到短暂的和平。这时候一位被后人尊称为“最后的罗马人”的“高干子弟”埃提乌斯被作为人质交换到了匈奴。这位埃提乌斯生于名门望族，他父亲高登裘斯在西罗马军中屡立战功，最后当上西罗马帝国的骑兵“总司令”，因当时骑兵是作为最主要的兵种，当上骑兵的统帅等于当上了“国防部长”或“军委副主席”，因此被封为伯爵。埃提乌斯的青少年时期是在哥特人和匈奴人中度过的，埃提乌斯在匈奴时善于结交匈奴贵族。埃提乌斯和阿提拉从小一块长大，感情颇深。他们成年后，成为各自国家的统帅后，更是互相支持。

埃提乌斯回到罗马后，借助匈奴人的强力支持，在罗马政坛上呼风唤雨，很快成为西罗马帝国的高卢总督。由于他在匈奴中学到了他们的战术，因此他在高卢同西哥特人、法兰克人和阿兰人等蛮族战斗中，战绩卓著，威名远扬。

阿提拉成为匈奴王后，埃提乌斯更是为老朋友操心，为他找了一位博学多才的私人秘书，帮阿提拉处理外交事务。还将儿子送到匈奴学骑兵。埃提乌斯希望和匈奴和平共处，因为他知道西罗马的主要敌人是日耳曼蛮族，因此必须团结匈奴。

在埃提乌斯的努力下，西罗马有了20多年的和平日子，这段时间虽然阿提拉多次进攻东罗马，但一直和西罗马相安无事。

但阿提拉是位政治家，他始终觉得个人感情只是副业，统治世界才是主业。野心勃勃的阿提拉对西罗马的富庶早已垂涎三尺，碍于情面不好意思，也没有理由交恶。

这回机会来了，阿提拉可以名正言顺、理直气壮地站到西罗马的对立面。

驰战高卢平原

罗马方面得知阿提拉的意图后，积极组织防御，自然埃提乌斯担任高卢前线指挥官，负责抵御匈奴。埃提乌斯熟知匈奴兵法，清楚匈奴的软肋是什么，因此他是名副其实的匈奴克星。

公元451年春，阿提拉率兵渡过莱茵河向西前进，所到之城处处沦为废墟，兰斯、梅斯、阿拉斯等西罗马城市皆毁，巴黎当时仅是塞纳河中一个小洲，总算逃脱劫难。

阿提拉大军压境围攻奥尔良，受到奥尔良军民奋力反抗，阿提拉在奥尔良城下受挫达一个多月，已疲惫不堪。突然由西哥特人和埃提乌斯的罗马军组成的联军从匈奴的后方杀过来，城内的军民汹涌杀出，匈奴军顿时两面夹击，不得不乘夜色逃走。

阿提拉计划将部队拉到高卢平原上，这样有利于匈奴军作战。于是他率军向塞纳河和奥伯河方向撤退，在塞纳河西岸，留下一支后卫部队，大概有1.5万人，主力则渡过塞纳河，在河东的卡太隆尼平原驻守。但是6月19日晚，罗马和哥特联军深夜袭击匈奴后卫军，将之全歼。随后联军渡河，第二天便神奇般地在阿提拉背后摆开决战的阵势。

阿提拉不得不在还没有准备就绪的情况下会战。匈奴军营地和之前的亚德里亚堡会战一样也是一个庞大的车城，靠许多大车围成一个大圆圈，弓箭手和步骑兵在车内外，形成一个易守难攻的防御体系。这时，阿提拉玩了一个小花招，他慢慢地布阵，直到下午14时才完成，因为他想出动他的精锐骑兵快速突破防线，歼敌主力，如初战不告捷，等再过几个小时天一黑，则退留车城内。

沙隆会战

在法国东北部的香槟平原，法国小城沙隆城外5英里的马恩河边，一个小山包突然隆起，这个山包就是“阿提拉营地”。

公元451年9月20日，约下午14点，欧洲历史上最大规模的会战打响了。一边是日落西山的罗马人，一边是号称“上帝之鞭”，但已今不如昔的最后的匈奴人，双方共投入超过100万人的兵力在这里撞击，堪称空前绝后的会战。

其实两国都处于衰落后期，双方的军队大同小异，都是以欧洲各蛮族雇佣军为主。

阿提拉这边之所以如此多外国雇佣军，是因为匈奴人经历了上百年的掠夺，逐渐染上了“文明”病，已经和昔日马背上的匈奴神兵相差甚远，也是从“俗”，靠雇佣兵打前打后，匈奴“少爷兵”居中。所以，左翼是瓦拉米尔指挥的东哥特人和斯拉夫人，右翼是阿尔达里克指挥的戈比德人、伦巴第人和赫鲁尔人，中军则为匈奴人和阿兰人。

埃提乌斯这边，左翼是他指挥的罗马步兵和法兰克人，右翼是西哥特王提奥多里克领导的西哥特人，中间是吉班指挥的阿兰人。

阿提拉作战方案是以骑兵对敌中军突击，将联军左右隔断，然后分割包围歼灭；埃提乌斯早料到敌人使这一招，干脆来个将计就计。加强两翼，待匈奴军中间突破后左右夹击。

战斗打响，西哥特王提奥多里克的太子托里斯蒙德率一支哥特骑兵从右侧迂回到敌侧后方，占领一高处，然后从此冲击匈奴“车城”，但很快被匈奴军阻挡下来。此时，阿提拉的中军骑兵发起了冲击，直插联军中央阵线。联军中央防线即溃，并被包围切割。同时，匈奴军左右两翼也开始冲杀，左翼东哥特人冲杀入西哥特同胞中，并将他们钉死在原地，不让他们及时向左去夹击匈奴中军。阿提拉更加猛烈地撞击罗马军中心地带，一旦突破到底，就可侧面包围西哥特军予以全歼。然后回手收拾罗马及法兰克步兵，阿提拉似乎胜利在望。

但是阿提拉的不断撞击正被埃提乌斯亲自指挥的左翼联军所阻挡，左翼的部队迅速旋转，从侧面打击匈奴军。这部分军队以步兵为主。他可以发挥古罗马军团的盾牌军阵阵容，把匈奴军挡回去，然后又以密集的长矛刺杀。阿提拉身陷敌人内部难以自拔，此时，匈奴军后面的骑兵正和托里斯蒙德的骑兵部队

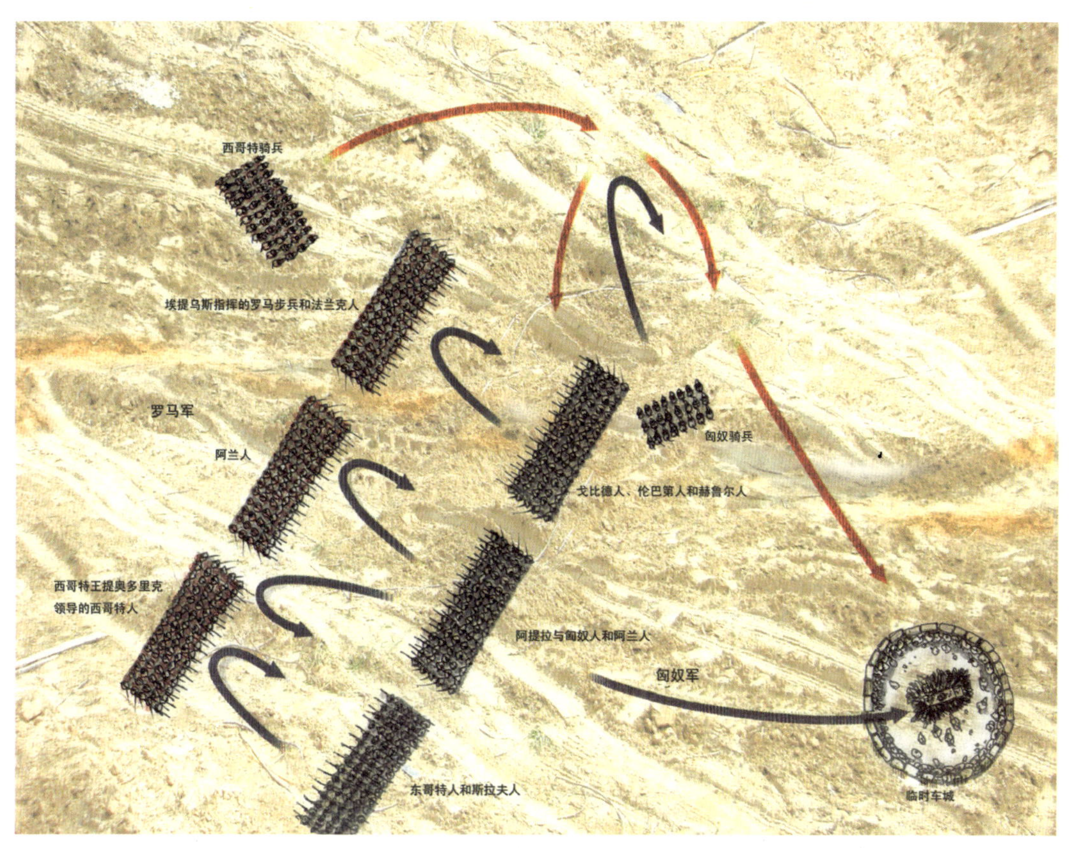

血战，战斗已达到了白热化的程度。

然后，在联军右翼的西哥特军站稳脚跟，击退东哥特人的攻击后，迅速向匈奴人中间挤压。而埃提乌斯和托里斯蒙德联系上，让他放弃攻击车城，并绕过它，直接攻击阿提拉中军背后，埃提乌斯猛击阿提拉右翼。一切都按着埃提乌斯的计划行事。

由于阿提拉中军突击太快，和左右两翼拉开距离，两个侧翼完全暴露，只能任由罗马联军两面夹击。阿提拉军队已陷入泥泞而不能自拔。

这时一个意外出现，由于已到黄昏，光线阴暗，西哥特王提奥多里克身先士卒，冲在最前面，结果被敌刺伤摔下马，被自己的骑兵践踏而死，军中无帅，一时哥特人一片混乱，夹击阿提拉的铁钳一边断裂。顿时阿提拉趁机率残兵奔回

阿提拉右翼是日耳曼部落
埃提乌斯袭击阿提拉的右翼
阿提拉亲率的匈奴中军
联军左翼现在迅速旋转过来，从匈奴军侧面对其加以沉重的打击

哥特骑兵从右侧迂回到匈奴军侧后方

阿提拉中军挺进得太快，和左右两翼间距离拉开，两个侧面完全暴露出来，不得不任由敌军从两面夹击

阿提拉左翼是东哥特人

沙隆会战

车城内。

这时夜幕降临，阿提拉已撤离战场，战斗平息。

第二天局势已经非常明朗，阿提拉的匈奴军在车城中无力突围。埃提乌斯的罗马联军只要守而不攻，几天下来，匈奴军必饿死，不战而败，罗马联军的胜利已成定局。

但有政治家胸怀的埃提乌斯非常清楚，让阿提拉战死，匈奴必亡，而哥特人必由此坐大，宁要一山藏二虎，也不要一虎当道。因此他考虑把阿提拉放了。

于是埃提乌斯不断地忽悠各国联军，连骗带哄地把各国联军打发走，然后他老人家自己率领罗马军最后离开，顿时车城周围空空如也。

再说阿提拉已经料定自己这次必死无疑了，于是在车城中堆了一个大柴堆，上面堆满各种金银珠宝，并带上吓得面容失色的妃嫔置于其上，自己端坐在柴堆高处中央。就等联军一声命下攻打车城，马上点火。给后人留下一个悲壮的视死如归的英雄形象。

可阿提拉在柴堆上摆了个英雄的姿势好久，怎么埃兄还不进攻，屁股都被柴堆里的虱子咬得又痒又痛，英雄的姿势也开始有点变形了。

这时哨兵报告说，车城外全部军

队撤离了，阿提拉料定这是个阴谋，老子就是不走，看你怎样。过了几天，还是一点动静都没有，此时阿提拉如大赦一般，赶紧灰头鼠脑地带着残部连夜逃走。

最后的撞击

埃提乌斯导演的这场“华容道”，事实上只不过当了个罗马的“东郭先生”，到头来后果自负。

沙隆会战应该说是阿提拉最后一场败仗，同时也是西罗马帝国最后一场胜利，也导致了自己最后的灭亡。

阿提拉逃回东方草原上，犹如蛟龙入水，第二年，阿提拉就率军翻越阿尔卑斯山，兵临罗马城下，瓦伦提尼安皇帝仓皇出走，好在罗马主教利奥一世硬着头皮到军中劝阿提拉不要滥杀无辜，没想到此举居然感动了“上帝”，这个“上帝”就是阿提拉，他“感动”得皈依了

阿提拉结最后一次婚时，在洞房花烛夜时突然暴毙

基督教。罗马教权借此大盛，中世纪的教皇制度由此而起。

阿提拉中止了征服西方帝国的计划，回到匈牙利草原，准备先收拾不怎么听话的东罗马人。

但同样是英雄为色生，为色死。一年后，他最后一次结婚，在洞房花烛夜时突然暴毙，不知是纵欲过度的原因，还是低俗肥皂剧演绎的那类美女与阴谋的剧情真实版？总之，可以激出如今生编硬套的电视剧导演无限的创作灵感。

更好玩的是，阿提拉一走，他的妻妾们生下的一大堆儿子争权夺利，匈奴政权陷入内乱，10 年不到，威震欧洲达几个世纪的匈奴帝国土崩瓦解，他们一部分打道回府，回到了祖先起步的草原，有的融入了欧洲的各民族中，时至今日，到欧洲再也找不到什么匈奴人的后裔，但在欧洲特别是意大利、德国和俄罗斯到处可见到黑眼睛、黑头发却是欧洲人面型的人。

匈奴从此销声匿迹，再也没有对欧洲构成任何威胁。但也正如埃提乌斯所预感到的，随着匈奴的崩溃，西罗马也随之灭亡。瓦伦提尼安皇帝生性心胸狭窄，不能容忍埃提乌斯居功自傲，两人矛盾白热化，老瓦于 454 年借故将埃提乌斯杀害。第二年，老皇帝自己则被埃提乌斯一个卫士刺杀，一报还一报，从此罗马政局大乱得一发不可收拾。沙隆会战结束后，日耳曼蛮族势力趁机大扩张，汪达尔人拿下罗马，西哥特人取下西班牙，法兰克人也在莱茵河大肆扩张，西罗马帝国已经瓜分殆尽，罗马皇帝有名无实，已经没有国土了。到了公元 476 年，一个哥特酋长奥多亚克在东罗马皇帝的默许下，废黜了最后一个名义上的西罗马皇帝罗慕路斯·左斯图卢斯——阿提拉昔日秘书的一个孩子。至此，罗马帝国名义上又恢复成一个帝国，但却不在意大利罗马本土，只能算是个“伪罗马政权”。

伴随着西罗马帝国的覆灭，标志着几个世纪灿烂的古希腊文明和古罗马文明这两朵奇葩最终凋谢，迎来的是中世纪黑暗的漫漫长夜。

至此再也没有人能征服英国

——黑斯廷斯会战

有一个世界纪录可以说至今1000年都没有人能打破，这是一个伟大的纪录：1066年，一个“私生子”威廉在黑斯廷斯会战中征服了英格兰，从此再没有人能征服英国。

近代的拿破仑、希特勒都想破这个世界纪录，但可惜都功亏一篑。特别是希特勒，如果他不吃错药的话，继续进行英伦战争，而不去攻打引来杀身之祸的苏联，这个破纪录的人无疑是他了。

开篇

1066年1月5日，英格兰的爱德华国王驾崩，据说爱德华临终将王位传给了“实力派”哈罗德。第二天，哈罗德就被大议会选为新任国王，在威斯敏斯特大教堂加冕，被称为哈罗德二世。

如此快速“登基”，激怒了他的对手们。按理，英国国王的王位是由好几位国王竞争上岗的。之所以存在这么复杂的关系，这和英国国王的王位来源有关，从公元9世纪的丹麦维金海盗入侵，到法国的“诺曼底公国”，再到后来的挪威、丹麦、英格兰一体化，这种错综复杂的关系，造成英国王位和这些国家都有关系。但有实力觊觎王冠的只有4人，除“实力派”哈罗德和他的弟弟托斯蒂外，还有挪威国王“铁腕”哈拉尔德和诺曼底公爵“私生子”威廉（因为他是前任公爵罗伯特的私生子，母亲是工匠的女儿）。最有核心竞争力的这4位都拥有军队作后盾。

一场血雨腥风的王位争夺战拉开序幕。

1066年9月8日，挪威国王哈拉尔德带领2万士兵，乘坐300艘战船，从挪威海岸侵入英格兰。这时哈罗德的弟弟托斯蒂自己不觊觎王冠，却要暗算哥哥，带领自己的部队和哈拉尔德汇合，两军在英格兰北部的亨伯河口登陆会师，向哈罗德的英军部队发起攻击。9月20日，哈拉尔德联军在约克城攻打英军部队，9月24日，英军在约克城向联军投降。

这时哈罗德率领一支英军骑兵日夜兼程，从伦敦赶到约克，9月24日夜里，这支部队已来到约克郡近郊，但托斯蒂和哈拉尔德一无所知，正在研究投降事宜，他们的军队正举行庆祝宴会痛饮狂欢，喝得烂醉如泥。第二天清晨，哈罗德的军队冲开约克城的城门，将正在宿醉未醒、懵懵懂懂中的挪威联军像秋风扫落叶般的屠戮殆尽。哈拉尔德和托斯蒂都死于乱军之中，挪威军队被全歼。

至此，哈拉尔德和托斯蒂出局，唯有哈罗德和威廉对决。

当诺军来到高地脚下时，前排的弓弩手开始放箭。此时，哈罗德的“金龙旗”挥动，英军摆出了防御阵形，一面面盾牌紧紧连接起来，形成了一面密不透风的墙壁，一字排开约 1 公里长，这就是英格兰人有名的“盾墙”。由于英军位于丘陵之上，高出诺军 30-50 米，诺军的箭矢飞到这一高度，穿透力就已经大减，结果不是碰到盾墙上掉了下来，就是角度太高，从英军头顶上飞过。一阵密集的箭雨之后，英军防线没有丝毫撼动

右翼是法国及欧洲各地的雇佣兵，由布伦涅的尤斯塔斯指挥
中间部分是诺曼的子弟兵，由威廉亲自指挥，那面教皇亲赐的“神旗”，就在他的面前飘扬

步兵们就没那么幸运了。当诺军弓弩手退下，他们的步兵开始冲锋时，英军盾墙忽然分开，后排的士兵们一跃而出，居高临下地将密密麻麻的长矛、标枪、短斧甚至石头投掷了出来

各种武器在空中发出尖厉的呼啸，犹如闪电和急雨一般打在挺进的诺军步兵身上，顿时间血肉横飞，哀号遍野。诺军进攻被粉碎了，只得在扔下一堆尸体后退却，重新用弓弩远射

此时，英军又恢复了密不透风的防御阵形。结果可想而知，诺军发动了一波波的进攻，却总是如同波浪打在堤岸上一样徒劳，拿哈罗德的“盾墙”无可奈何

情急之下，诺曼人出动了骑兵，却同样无济于事。面对高地上的钢铁防线，骑兵的快马也英雄无用武之地。少数勇猛的骑士一度冲破了盾墙，可是手执巨斧的撒克逊武士挥斧如风，一斧头就将马头跺了下来。在千百把斧头的挥动下，几个英勇的法国骑士很快就被乱斧分尸

英军
诺军
下午时分，诺军开始了新一轮进攻。这次是以骑兵打头阵，而步兵退到后列。可是英国人的“盾墙”仍然牢不可破，骑士们一轮轮的进攻像潮汐一样涌来，又像潮汐一样退去
诺军骑兵又一次溃退，英军趁机发动反攻。在追击时队伍散开，也不再有“盾墙”的保护，而诺军骑兵在退到一座小山上之后，又很容易杀了个回马枪，将在两个高地之间进退维谷的英军统统杀死。这一战术让诺军获得了重大的战果

在经过八九个小时的战斗后，诺军已经疲惫不堪。威廉命令弓弩手再次出击，这一次不再直接射向对方，而是大幅抬高角度，射向对方上空。顿时，弓弩手们抬高手臂，上千发箭矢飞向高空，划了一条长长的抛物线，越过盾墙，像垂直降落雨点一样落向后方英军头顶。后方的士兵哪里想得到这招，顿时纷纷中箭倒地，死伤无数。很快，第二轮、第三轮的箭雨也纷纷袭来，而英军拿这些弓弩手无可奈何。“盾墙”本身虽然没有受到损害，但是后方已经军心大乱，盾墙很明显变得越来越“薄”

诺曼骑兵们再度登场，策马冲杀，在英国人的防线上打开一个又一个的缺口。英军的盾墙终于陷入了彻底崩溃。整场会战进入了最后阶段。黄昏时分，哈罗德的两个兄弟吉尔斯和勒大温已经战死

在从天而降的箭雨中，哈罗德没有能及时闪避，右眼中了一箭。20个诺军骑士看准了哈罗德的方向，冲了过来，十几个被坚持抵抗的英军拦截或杀死，但还是有4个人冲到了国王面前。几个侍从想要护送国王脱离战场，却被奔涌的人潮打散，哈罗德也从马上跌倒在地，挣扎着还没爬起来，就被一个诺曼骑士一刀砍下了大腿。哈罗德倒在血泊之中，抽搐了几下，就咽了气。盎格鲁－撒克逊时代的最后一位英格兰王就这样战死在沙场上

日本的命运在此逆转

——红白旗的决战

“八格耶路（选自大众日语）！”

12世纪的日本,“良心大大地坏（选自大众日语）”！

天皇与公卿间的争斗，“狡猾，狡猾地（选自大众日语）”。

这就是当时的日本，天皇与公卿各自拉拢各种政治势力，其中武士集团成为一种重要的政治力量登上历史的舞台，这就是“武者之世”的开始。

当武士集团的内部也出现利益冲突时，解决起来很简单，谁打赢服谁。因此，当时的武士都聚集在源氏集团和平氏集团之间。

1156年，源氏集团和平氏集团终于爆发战争，双方都实力强大，但平氏集团的军事素质较高，有一定的优势，而且还胁持天皇，朝廷所有事情都看平氏脸色，可谓权倾一时。

源氏虽然衰落，但只有他才能挑战平氏集团。随着平氏统治渐渐失去民心，源氏挑起了推翻平氏的重担。以仁亲王的起义打响了反平第一枪后，源义朝的儿子源赖朝也在伊豆起兵，虽然失败，但却聚集了越来越多的反平氏的武士。

1181年2月，平氏的头儿平清盛年老体衰，一命呜呼，在临终时留下遗言："不要万金葬礼，但要源赖朝首级挂于门庭。"这实在是比万金葬礼更难办的事情，无疑给他下一代建了一个根本不可逾越的门槛。儿子们无能为力，很快就被源赖朝的堂兄木曾义仲（源义仲）所败，只得带上天皇的象征——天从云剑、神镜、八尺勾玉这3件神器，还有年仅4岁的安德天皇匆匆逃出京都。

木曾义仲之师进入京城，大肆烧杀抢，"土八路"不会处理皇室与公卿间的关系，很快京都人对他失去信心，而把希望寄托于源赖朝身上。于是，主攻的后白河法皇签发了请源赖朝进京的命令。木曾义仲得悉此消息后震怒，把后白河法皇立即幽禁起来，并对源赖朝下战书，欲与之决战。

源赖朝得知后，立刻派源义经进入京都，杀死木曾义仲，随后源赖朝进京，准备最后收拾平氏。

这时，后白河法皇虽然解禁，但从政治家的胸怀来看，他不能容忍源氏一家做大来取代平氏，必须留一山藏二虎，才能取得政治上的平衡。于是，他将协议和提案送交平氏。已经兵败如山倒的平氏当然"万岁"般地接受，但这只是一厢情愿，源赖朝可不吃这一套，3件神器不在我手上，休想议和。

红白决战

公元1184年初，源赖朝令源范赖，和源义经向平氏做最后一战，2月4日早晨，阳光初照，大地复苏。源范赖率军5.6万人，源义经率机动部队1万人，从摄津出发，向平氏最后的老巢——福原城进发。

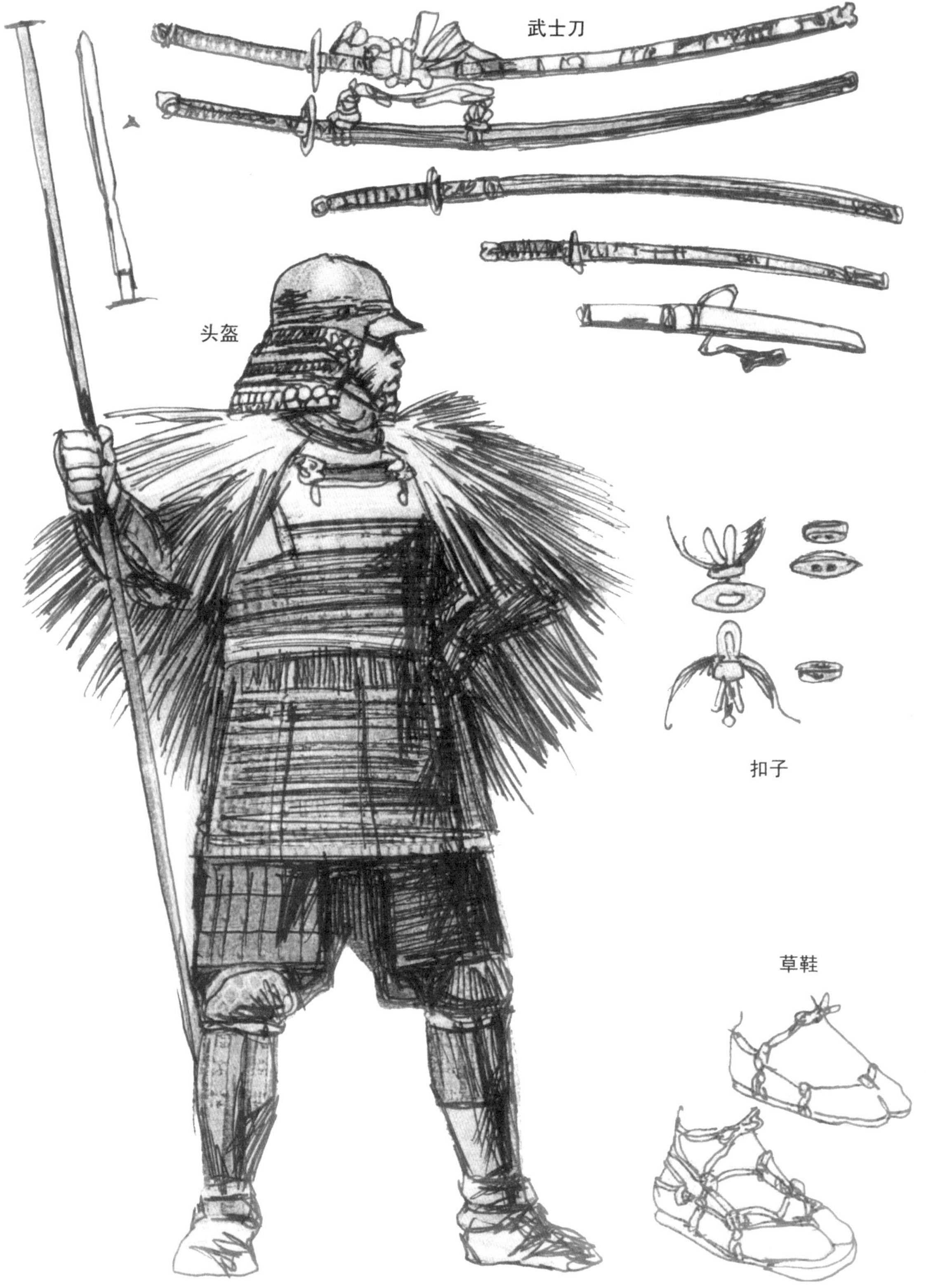
武士刀
头盔
扣子
草鞋

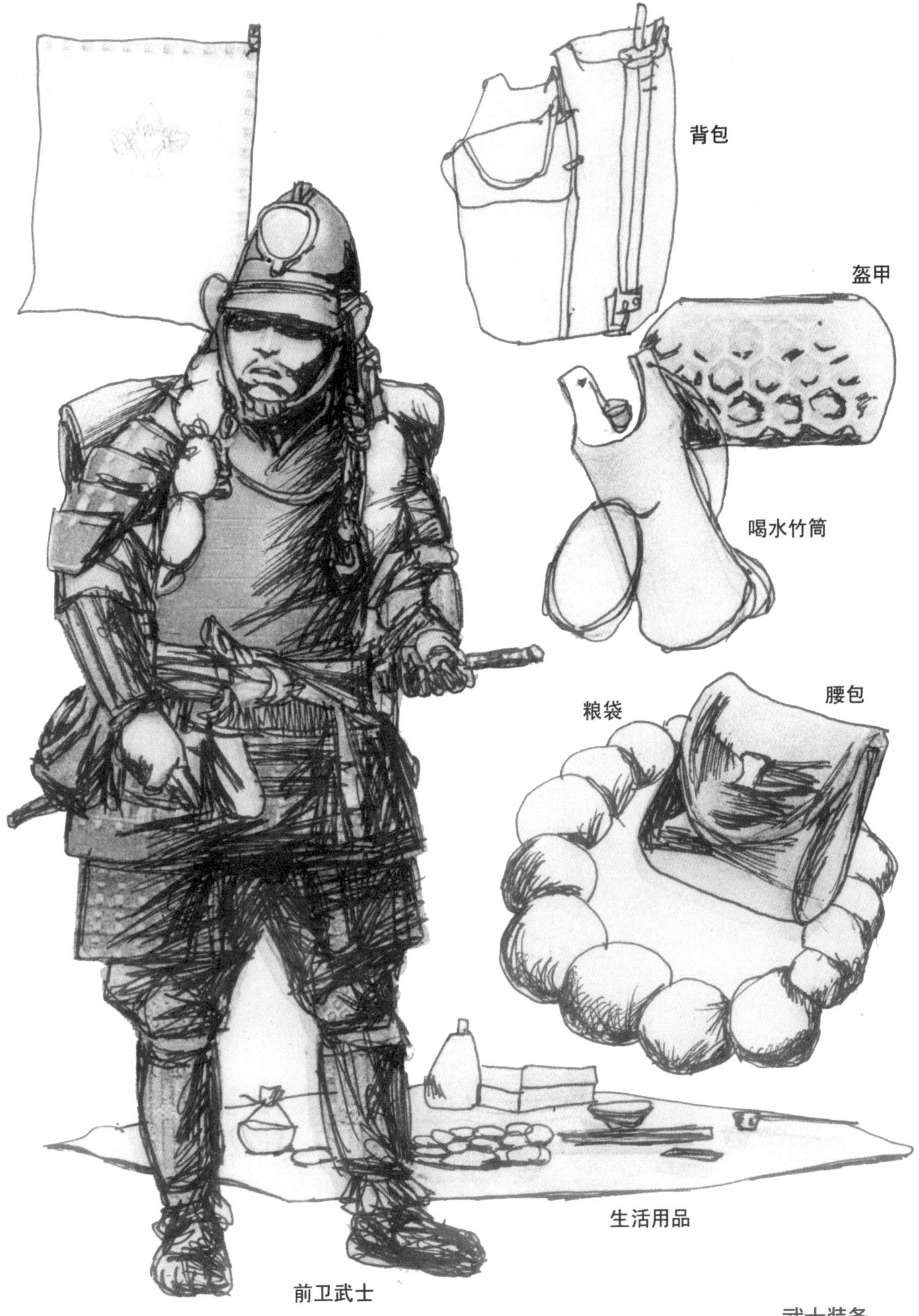

武士装备

瘦死的骆驼比马大。福原城可是平氏苦心经营的第二京都，而且有安德天皇和“三件宝”在手，有谈判的价码。只要顶住源氏进攻，以战求和，就可恢复源平两家二分天下的局面。于是，平氏军团派兵6万重点把守城东的生田口、城西的一之谷口和山上的鹎越口，驻有重兵6万人把守，并在这3处要点修筑工事，在海上布置大批船只把守；一之谷口地形狭窄，靠山面海，峭壁险要，易守难攻。

当源氏兵到达时，平氏集团即令平资盛、平有盛率兵从鹎越口到三草山与源义经的先头部队对阵，结果当夜被源义经夜袭，伤亡惨重。但源义经没有继续强攻鹎越口，因为他明白此地是平氏本阵（注:日本人喜欢叫主力部队为“本阵”），有重兵把守，自己仅率千人，无疑是以羊撞墙。他早有一个“鹿道”计划。

原来源义经在京都时认识当时任参议的久我道亲，他的一个侄子叫久我兴延，其母亲家世代在鹎越山居住，族人们经常在山中打猎，知道有一条细小的能通过小鹿的山路直通平氏本阵。源义经计划从“鹿道”偷袭平氏本阵，而且久我兴延已安排了向导。

平氏军团确实忽略了这条“鹿道”，它在山中坡度相当高，接近平氏大本营一侧的一面陡峭的山崖，若从此冲下来，如没有掩护，会被乱箭刺杀。这条小路只能通少量部队，大部队无法通过。因此，平氏忽视了这条“鹿道”。

源义经的作战计划确定后，把人马分为两股：一股由土肥实平、田代信纲率领，大约7000人；另一股由他自己率领，约700人，作穿插渗透。

这时，源范赖已率主力部队于2月5日到达生田口，与平氏部队接战。

2月6日源义经在出战前做最后一次部署，命令手下冈崎义实带领500人向梦野方向袭击，多田行纲率100人左右与当地的久我兴延部队汇合。源义经则带领70人左右从“鹿道”直插平氏大本营指挥部的后方。一旦源义经迂回成功，前两支部队也可乘胜追击。

2月7日早晨，天刚亮，源义经自己队伍中的一位叫熊谷直实的人为抢头功加快速度脱离了队伍，这无疑会暴露目标，于是源义经也加快速度，迅速飞马通过鹎越口，以便在计划泄露前奇袭。

小分队于上午8时左右到达鹎越山的山崖，并找到“鹿道”。此时，只见山下平氏大军人数众多，源义经命令大家潜伏好，坐等战机。

在源义经出兵的同时，土肥、田代部队向须磨的平氏军团发起攻击，但受到平氏军团的猛烈狙击。平氏军团也知道源义经喜欢玩渗透这一手，于是让平教经把守梦野，平盛俊、平通盛把守妙法寺。进攻梦野的冈崎义实被击退，多田行纲向把守妙法寺的平盛俊发起攻击。平盛俊误认为在鹿松鹎山谷冲下的这支部队就是源义经本阵，于是向平教经求救兵，一之谷一带的其他平氏部队都迅速向妙法寺蜂涌而去。

潜伏于鹎越山上的源义经见这一场面，知道时机已到。“鹿道”斜坡上段角度约为28度，高约200米；下段为岩石,角度大约为35度,高度约为45米；上段平缓，下段没有立足之处，源义经只能骑马滑下，全部分队冲下“鹿道”，如神兵天降般地冲到平氏大军背后。

源义经的部队下崖后，打起白旗（千万不要以为“白旗”是投降，这是因为源氏武士背后插的旗标为白色，平氏武士背后插的旗标为红色），向平氏军团发起攻击，此时平氏的部队正在山中与安田、多田的部队激战，突然听到右边山中的呐喊声响彻云霄，误以为自己的部队发生叛乱，顿时全军混乱。部分士兵向海边逃走，互相踩踏，溺毙而亡。平盛俊的部队全军覆没。安田与多田大军势如破竹地攻入福原，将整个平氏军团拦腰截断，这下平氏的部队处于源氏部队的夹击之中,平忠度剖腹自杀，部队溃散而逃。

平氏前阵的平知盛看到自己背腹受敌，急令副将平重衡率8000士兵进军梦野，支援鹎越山的平氏部队。此时11点，与平知盛对阵的源范赖发起总攻，由于分散了兵力，平知盛势单力薄拼死抵抗，最终不敌。平氏总大将宗盛见大势已去，赶紧和安德天皇一起乘船撤到屋岛。平氏的残兵败将涌向大海逃生，源氏武士追杀每一个平氏武士，以便获取尽可能多的首级。这种最落后原始屠杀方式一下子把一之谷内变成人间地狱。

此时，武士的精神也发挥得淋漓尽致，有的源氏将领已经不忍心如此残酷

鹿松峠山谷
土肥实平、田代信纲部
冈崎义实部
山之
须磨
西木户
平忠度部
平教
一之谷口
平氏本阵平宗盛

鸭越口
源义经
多田行纲部
鹿道
福原城
生田口
平氏前阵平知盛
源范赖

地屠杀平氏武士，但平氏的武士却乞求取下自己的头颅，以捍卫家族的尊严，源氏的武士不得不“成人之美”。可见日本武士道精神的极致，是旁人无法理解的。

还是平氏

平氏一门在一之谷大败后，元气已尽，所有主力退缩到四国的屋岛，最后这一门的命运一年后在壇之蒲终结。

源义经此役以“战神”成名于天下，却遭到其兄源赖朝的忌惮而因此坐冷板凳，仅仅有一个代官的空职，留守京都。后白河法皇为源义经鸣不平，加封源义经为判官，却得不到源赖朝的同意。1184 年 9 月，后平氏起义反抗，源赖朝以扰乱军纪罪将源义经排除在讨平大军外。兄弟自此结下了怨仇，源义经干脆投入到平氏军中，结果被源赖朝讨伐灭掉。

源赖朝霸主地位确立后，建立了幕府制度，实行公武两重制，日本的命运在此逆转。他为了确保儿子能安全继位，将帮助自己立下赫赫战功的源氏兄弟几乎屠戮殆尽。只是上天不乘人之美，让他儿子早逝，孙子又被其他势力的人刺杀，源氏无后。幕府权力自然落入源赖朝的妻子北条氏手中，而北条氏是平氏家族中的一门。

一切又恢复到了起点，数万平氏武士洒下的头颅，都不足以挽救平氏家族，而一个毫无心计的弱女子，却轻而易举地做到了。

这，就是女人的力量。

只识弯弓射大雕

——蒙古拔都西征

毛泽东的著名诗词《沁园春·雪》中有这么一句："一代天骄成吉思汗，只识弯弓射大雕。"虽然多少有点贬义，但能让毛泽东看得上的历史人物寥寥无几，确实都是要有真本事的。

蒙古族是个既"好玩"又"牛气"的民族。说"好玩"是他边打仗、边爱"玩"，这在后面的篇幅中经常会看到。说"牛气"，是因为他在欧洲几乎没有遇到过强劲的对手，一直打到现今德国和奥地利领土上，连条顿骑士团都轻而易举地灭掉，你说牛气不牛气？如果不是自己内部有事，还不知道这个民族能把欧洲折腾成什么样。

创建蒙古

随着原始社会渐渐瓦解，私有制慢慢产生，到12世纪末13世纪初，蒙古各族面临一个统一的问题。这时孛儿只斤部落的首领铁木真先后打败了塔塔儿、克烈、乃蛮、蔑儿乞各部落，统一了蒙古各部。公元1206年，蒙古各部落头头在斡难河（今鄂嫩河）畔举行大会，推举铁木真为大汗，尊称成吉思汗，

创建了蒙古这个国家。

蒙古建国后不久，以成吉思汗为核心的蒙古领导层不断发动掠夺战争，主要是两个方向作战：南下和西征。南下主要是打击南宋和金朝，西征则是中亚和东欧各国。

蒙古人入侵欧洲，对当地人来说无疑是魔鬼现身。从一望无际的东欧大草原上冒出的这么一支蒙古骑兵，在中世纪的人看来，也如上几个世纪匈奴人来时被看成是“上帝之鞭”一样，是上帝派来天罚的（因为蒙古人也和匈奴人一样，所到之处是“屠城”）。

蒙古军队的核心力量是装备有矛、弓箭和盾牌的骑兵，他们既能够轻装突袭，也能够以任何中世纪骑士的速度披盔戴甲全速冲锋。除此之外还征召一些其他部落拥有相似装备的骑兵和一些有专长的士兵，那些打下手的活，常常是来自中原的汉人干的。

占领欧洲仅仅是蒙古宏图大业中的一小部分而已。成吉思汗西征已经灭掉了中亚国家花剌子模帝国，也在进攻金朝和南宋，同时他决定定都卡尔库仑姆。可这时，成吉思汗于1227年去世，窝阔台1229年继位大汗。此时蒙古灭金战争结束，窝阔台大汗在中原和中亚建立了巩固的集权统治。石河以西、乌拉尔以东之地为蒙古国征服地区，是成吉思汗的长子术赤的领土。但是乌拉尔河以西的钦察、斡罗斯等还未平定。1235年，窝阔台召集会议，决定征讨钦察、斡罗斯等诸国。

当时欧洲的德、意、奥诸国卷入十字军东征，根本无暇顾及伏尔加河中下游的斡罗斯、波兰、匈牙利各诸公国等在对付蒙古入侵，这无疑为蒙古西征创造了有利条件。

拔都西征第一站——斡罗斯

1236年春，成吉思汗的长子术赤的长子拔都、次子察合台的长子拜答儿、三子窝阔台的长子贵由、四子拖雷的长子蒙哥各统本王室军，组成成吉思汗儿子们的“长子兵团”，万户以下各级那颜亦派长子从征，以拔都为统帅，速不台为副帅，共15万大军，从各自的出发地挺进，约定秋季抵达伏尔加河东岸集中。速不台率领先头部队到达阿耳(今俄罗斯维亚特卡——波利亚纳东)。这年冬，蒙哥的部队挺进到伏尔加河下游的钦察部，这时当地的首领八赤蛮出没于密林中，采用游击战术骚扰蒙古军。

第二年春，速不台从阿直挥师南下，协助蒙哥要搞掂这个八赤蛮。八赤蛮闻讯，吓得屁滚尿流，赶紧往海边逃。蒙哥率军至宽田吉思海（今里海）岛屿，生擒这个八赤蛮，以蛮对蛮处死这个蛮人，这下让宽田吉思海及外高加索山以北的诸部落震服了。至此，这一带一片祥和，蒙古军于1237年夏、秋，在伏尔加河以东修心养性，所以蒙古军好“玩”就在于此，他边打仗，也不忘旅游休闲，欣赏一下世界各地风光。

休了两个季节的假后，蒙古军开始去征战斡罗斯（今俄罗斯在欧洲北部的基洛夫州和鞑靼自治共和国以西地区和乌克兰、白俄罗斯地区）。12月，拔都等诸王率军雄赳赳、气昂昂地跨过伏尔加河，攻克烈赞（也有称“也烈赞”，今莫斯科东南亚赞州里亚赞城）、科罗木纳(今莫斯科东南科洛姆纳城)诸城。

速不台向东欧进军

蒙古西征军攻克斡罗斯后，又在钦察草原观光、旅游、休整了一会。速不台后派儿子兀良合台率领蒙古兵与投降的斡罗科混编军团先攻打波兰边境城堡，以刺探东欧各国的反应，然后又派出大量“特务”混杂在西逃的匈牙利钦察部落中。了解了西方的时局后，速不台决定向东欧发起攻击，首先是消灭匈牙利王国，速不台因此制订了他的作战计划。

当时的作战显然比匈奴时期“文明”了，不是说打你就打你，而是找点借口。借口就是，在征服南俄草原时，有个半游牧民族在族长忽摊汗的带领下逃难到

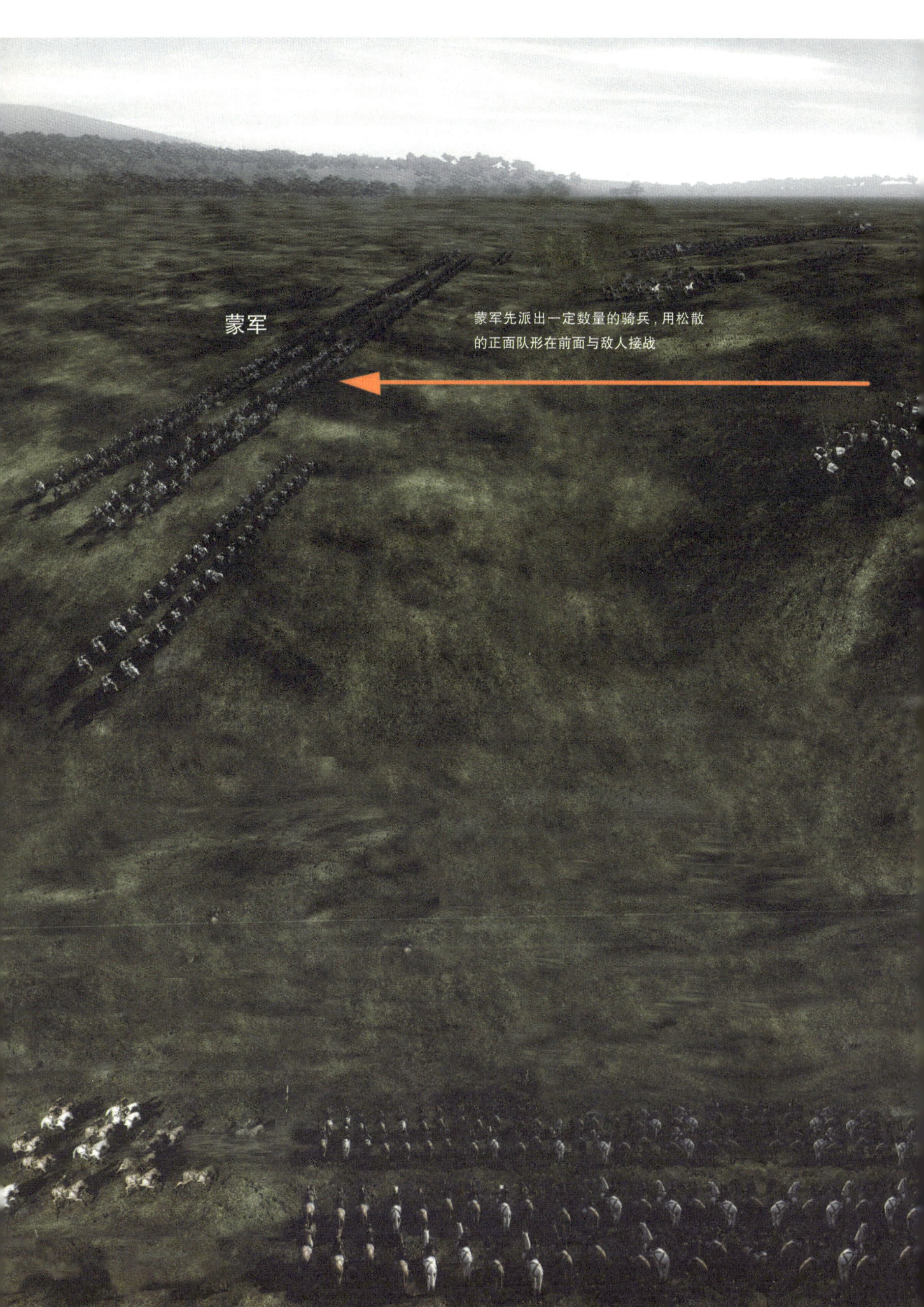
蒙军
蒙军先派出一定数量的骑兵，用松散
的正面队形在前面与敌人接战

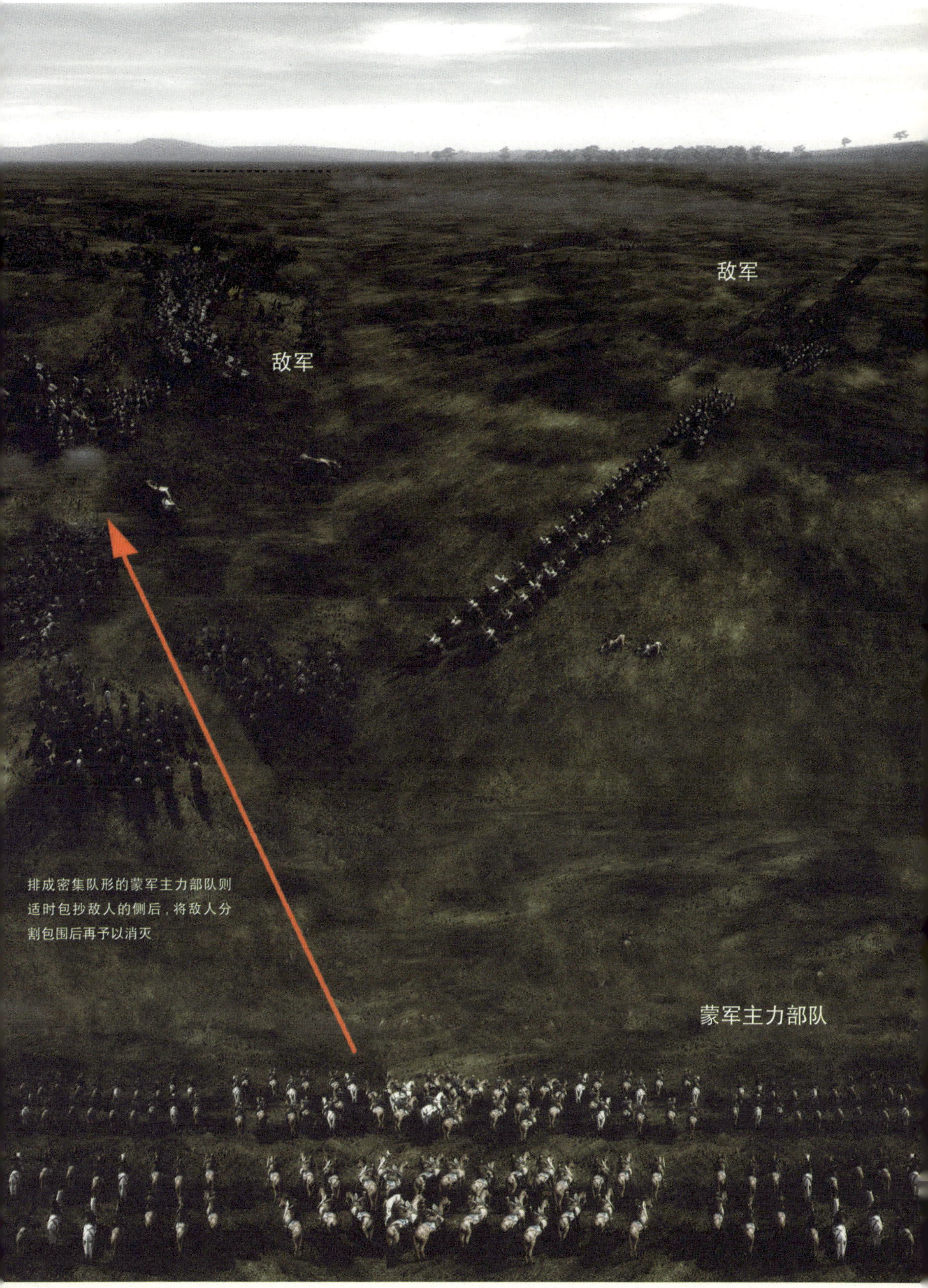

敌军

敌军

排成密集队形的蒙军主力部队则适时包抄敌人的侧后，将敌人分割包围后再予以消灭

蒙军主力部队

匈牙利，这是庇护蒙古敌人的行为。由于这是匈牙利王贝拉四世的所作所为，于是引来大贵族们的埋怨，大敌当前，那些大贵族乘机要贝拉四世屠杀这个民族，以讨好蒙古。贝拉四世被迫杀了他们的族长忽摊汗，于是这些游牧民离开，但因此和匈牙利结下深仇大恨，以后不断地骚扰和袭击匈牙利。

匈牙利与波兰等国有联姻，因为欧洲国家和神圣罗马帝国、拜占庭帝国都有一定的外交往来。一旦受到攻击，肯定会引来各国的增援。速不台明白，要拿下匈牙利，必须同时吃掉波兰。

拔都决定兵分三路：一路提前几天出发，攻波兰、西里西亚，打击这些国家对匈牙利北面的支持，也可试探神圣罗马帝国和德意志人的虚实；另一路为南路，沿喀尔巴阡山南下至多瑙河，一面摧毁匈牙利东南地区，一面阻止保加利亚和塞尔维西对匈牙利的援助；主力则直接攻打喀尔巴阡山，直刺匈牙利中心地区。三路大军约定会师于匈首都布达佩斯城下与匈牙利军队决战。

1241 年 3 月初，拜答尔的北路军率先出发北上，随后南路军也南下，主力也随后出发。蒙古二次西征的第三战局正式拉开。

拜答尔的北路向波兰首都克拉科夫进军，波兰国王勃烈斯扶夫集结兵力在城外迎战，但国王自己却自信不能抵挡蒙古军，已做好逃跑准备。

不出所料，1241 年 3 月 18 日，两军对峙，波兰全军覆没，国王和贵族按事先的准备逃往匈牙利和日耳曼。

1241 年 3 月 23 日，蒙古军进入波兰首都克拉科夫。24 日，一把火烧掉克拉科夫城，全军向波兰西部继续挺进。波兰西部的领主是波兰国王的堂哥，当然不敢迎战蒙古兵，于是逃往西里西亚，投奔亨利二世。于是拜答尔的部队顺着奥得河（“牛”吗？当时的蒙古军队已经到奥得河，距德国首都柏林只有 60 公里，1945 年 4 月苏军亦于此强渡奥得河，发起柏林战役）向前，来到了西里西亚。

此时的西里西亚，正式聚集了欧洲的精锐部队，组成了波日波联军（波兰、日耳曼、波希米亚）抵抗蒙古军。

公元 1241 年 4 月 9 日早上，亨利二世在里格尼茨城举行了宗教弥撒之后，出城应战，两军在城外约 10 公里的平原上作战，这次战役被西方军事史称为里格尼茨歼灭战，它是蒙古二次西征第三战局北伐的代表作。

蒙古军队先把德波联军第一军诱离主力后，便回身攻击，顿时箭雨倾泻，后面的德波联军见第一阵遭进攻，第二阵也脱离主力前来救援。

但已来不及了,第一阵已全军覆没，第二阵才赶到，并遭遇同样的下场。

这时条顿骑士团和西里西亚军队刚赶到，但此时德波联军两个阵列已全军覆没。蒙古乘胜追击，迎面冲击在最前面的条顿骑士团，别看这是由德意志精英组成的军团，可在蒙古骑兵面前是不堪一击，瞬间就击溃了。紧接着蒙古的箭雨和骑兵冲击西里西亚军队，西里西亚军队基本没有还手之力，亨利二世在身边骑士拼死掩护下，仅和 4 人逃出重围，却被蒙军紧追，最终亨利二世被刺死于马下，蒙古军获全胜。

蒙古人随后打扫战场，他们还把亨利二世的头砍下示众，这下恐慌传遍里格尼茨城附近的欧洲人,大家弃城而逃，临走焚城。据说亨利二世一只脚有 6 个脚趾，所以蒙古军离开后，人们才认出亨利的无头尸。

最后一支 5 万人的波希米亚军队，也在国王率领下逃往神圣罗马帝国。但神圣罗马帝国自己兵力都不足，况且大家都知道连英勇善战打遍欧洲无敌手的日耳曼军队也是不堪一击的，蒙古军对付其主力条顿骑士团都像切豆腐一样，随便砍杀，你说还怎么打。所以，神圣罗马帝国也只有怎么逃的份了。

但奇怪的是，让人捉摸不透的蒙古人却不进入里格尼茨城，仅对西里西亚地区破坏一番，休养几天，退入波兰地区，对原先还没有破坏的地方再毁灭一次。因为，拜答尔已经打得太过了，要回布达佩斯和主力部队会师。

神圣罗马帝国如获大赦般的大大地舒了一口气。话说拜答尔神速进军的同时，南路的合丹也不落后，而且比他快一天征服了特兰西瓦尼亚，而中路的速不台与匈牙利大军的决战仅比里格尼茨之战慢了一天。

1241 年 4 月底，拜答尔离开波兰开始南下进军，这时由于通讯不畅，仅听到匈牙利军队已经失败的小道消息。

于是拜答尔就不急着去和速不台会师，他只需在火热的夏天能赶回速不台的大本营即可。于是，这小子就顺路到波兰南边的摩拉维亚去观光旅游去了。

摩拉维亚（即今天的斯洛伐克），当时属波希米亚,它的国王已逃到德国，此地的守军仅5000人，躲都来不及，还谈什么出战。拜答尔的军队慢悠悠地在摩拉维亚玩了两个月，之后就把这一带变成废墟，走人了。

公元1241年6月27日，全军才进入匈牙利，和速不台军队会合。

而南路的合丹军没打过几个像样的大仗，一路下来，轻松地越过被称为巴尔干半岛大门的铁门要塞，进入匈牙利平原，原本担心从南翼援助匈牙利的保加利亚等国军队根本没出现，这支部队也是“贪玩”，边走边“玩”，慢悠悠地去和速不台会师,结果人家都打完仗了。

其实速不台这边是3月初才开始进攻匈牙利，速不台与拔都的6万军队于1241年3月12日平行地同时进攻喀尔巴阡山的隘口，马上就突破了匈牙利部队的防线，向布达佩斯狂奔。

布达佩斯其实是两座城，多瑙河西的布达是首都，河东是佩斯，国王行宫。这时，匈牙利王贝拉四世不知是否是匈奴人后代，胆子特别大，在首都布达（它可是匈奴帝国创建的首都）召集将领开会讨论如何对付蒙古军，可会议刚开不久，就接到蒙古前锋已经到了河东佩斯城下的消息，时间是1241年3月15日。

蒙古部队虽然抵达河东，但贝拉四世并不像邻国的国王一样惊慌失措，因为他是有底气的，多瑙河宽水深，蒙古人根本过不了河，而且河东佩斯城墙坚固，足以抵挡蒙军一段时间，再说蒙古人也不可能急于攻城。

贝拉这时首要任务是招兵买马，他派出多位使者，用当时欧洲最高警戒级别——带血宝剑，向整个多瑙河以西匈牙利的大小诸国召集兵力，两周内，布达佩斯城里已聚集了超过10万的匈牙利部队。

在这两周内，不管城外的蒙古人怎样诱惑，贝拉军队都决不出城。这时大主教玉果麟有些按捺不住，带了一些重骑兵出战，蒙古人佯装撤退，把敌军引到沼泽地里，让他的重骑兵坠入泥泞中不能动弹，然后当活靶子，用来培养新兵练习射箭的技术。好在中世纪的欧洲骑士非常有风格，拼死用血肉之躯一路掩护大主教逃回城内，一进城门，连大主教在内仅 4 人活着。

如此之低的生还率，在以往历史上几乎没有。城里的匈牙利军民陷入一片恐慌，这时这个大主教也尽干傻事，由于对逃难来的钦察人有私仇，硬说在蒙古军中看到很多钦察人，结果贝拉四世迫于压力，杀了他们的汗（即首领），结果 4 万本来是守军的钦察游牧骑兵逃离匈牙利,出城后真的成了匈牙利敌人，经常骚扰和报复匈牙利人。

就这样，布达佩斯在人心惶惶中又过了两星期，到了 1241 年 4 月初，贝拉四世一面派人把家小和国库值钱的东西送到奥地利边境地区，另一面把军队集结到多瑙河东，准备出佩斯城与蒙古大军决战。

这时，速不台与拔都都认为在佩斯城下交战，地势对蒙军不利，于是主动向东后撤，以便和匈牙利军保持一定距离。

双方你进我退，经过几天向东行军来到蒂萨河大石桥。贝拉四世的军队到河西后，就向守桥部分蒙古军进攻，并击退他们，取得桥梁的控制权，由于不能向对面的蒙古大军发动进攻，就在河西安营扎寨，派 1000 人守住这桥，蒙古人若想进攻，只能过这座石桥了。贝拉四世学习了匈奴人的“车城”战术，把车辆围成一圈，像一个临时城堡，易守难攻。

同样，速不台这边已制订了总攻计划：第一步，让拔都带兵突袭石桥，取回控制权；第二步，速不台的军队同时绕南边河流偷偷渡河，迂回到匈牙利军队的侧后，然后两路夹击敌人。

但此时，一个蒙古军中的斡罗斯俘虏偷跑出来,把作战计划泄露给匈牙利。但老奸巨滑的速不台，并没有因这次泄密事件而改变军事计划,而是将计就计，利用这次俘虏泄密事件对计划做了小小的修改。

速不台带领着蒙古军从石桥南边的河东岸渡过蒂萨河来到河西，同时，拔都按速不台修改的作战方案，先派一小股先头部队突击桥头，自己率大军殿后准备。

在匈牙利这边，逃跑的俘虏告密后，匈牙利军队顿时高度紧张，大主教和国王的弟弟戈罗门带领军队在桥四周巡视。当他们发现这支突袭的蒙古先头部队时,即把他们打得“落花流水”“狼狈逃窜”。因此，匈牙利军队认为今晚蒙古的偷袭行动已经被打退，在充实和检查了桥头哨兵之后，回营睡觉，准备养好体力明日再战。

到了半夜三更最冷的时候，蒙古大军才真正组织进攻。

等到匈牙利人酣睡时，拔都大军于黎明前，突然向河东的匈牙利军发起进攻。顷刻间，当时世界上最现代的武器——火药派上了用场，它由欧洲历史上第一门加农炮发射石弹，除此之外，还用抛石机投掷鞭炮。顿时，匈牙利军队阵地硝烟弥漫，炮声浓浓，根本没见过这样场景的匈牙利兵,顿时慌了手脚，以为上帝真的来惩罚他们了，赶紧通过石桥往河西大本营跑。蒙古军顺势占领了石桥。

这时，河西岸大本营的匈牙利军队已列阵，准备对付从石桥上冲来的蒙古军“主力”。

但其实真正的蒙古军主力在匈牙利军的后方，速不台的部队此时突然出现在敌人的侧后，当匈牙利军队赶紧把阵势转过来对付速不台时，拔都又发起新一轮猛攻。

匈牙利军顿时溃不成阵，纷纷退回“车城”大营里，就这样，堂堂的十几万匈牙利大军，却被区区6万的蒙古军紧紧地包围在营帐里。

这里，蒙古人大打心理战，把早准备好的炮、火、鞭炮往营里扔。吓得匈牙利军惊恐万分，都想冲出重围。还是大主教率领一批部队突围，其中包括国王的弟弟，可蒙古人趁他们离开营盘，发起一阵急攻，把他们又打了回去。有了这次“经验”后，大主教和国王弟弟认为只要再加一把劲，就可突出重围，于是起用匈军主力圣殿骑士团的重骑兵，强行突围。这次同样是蒙古军队在他们离开营帐一段距离后，实行包围歼灭战术，大主教和国王弟弟在圣殿骑士团的重骑兵拼死掩护下，总算突破包围圈，返回营帐。

两次突围的失败，使得圣殿骑士团全军覆没，在营盘里的匈牙利军只有招架之功，根本无还手之力了。

蒙古军不断地对匈军营帐实施烟火攻击，呛得匈军咳嗽不止，不断地往无烟少烟地方挤，当一个地方挤满了人之后，蒙古军便对此地一阵炮火砸来，紧接着就是一阵箭雨，匈军赶紧散开，蒙军又涌入，匈军又集结拼死补缺口，蒙军又退出,紧接着又重演“炮火”“箭雨”交响曲。

几个来回后，有一小股匈牙利军借着浓烟果真“逃”了出来。借着这个缺口，所有匈军包括贝拉四世也从此“突围”了。而这恰恰是蒙古军故意放的一个缺口。

在蒙古军“指定”的逃亡路上，匈牙利军队被埋伏在两边的蒙古军队夹击，分割包围。最后被引入到一片沼泽地里，所有战马、武器都难以发挥作用，再次成为蒙军射箭比武的活靶子，包括大主教在内的所有匈牙利军官士兵都被杀。

但贝拉四世没有死，他总算聪明，知道天底下“不可能有免费的午餐”。蒙军放你走，肯定有诈。于是，在逃亡的路上，他带几个贴身护卫，偷偷地躲到一个小树林里，在密林中藏了起来，等蒙古军过后，赶紧跑。他穿过特兰西瓦尼亚，一直走到喀尔巴阡山，还居然找到自己的女婿——波兰国王。跟随波兰残部，辗转绕回到多瑙河西，才算结束了这段苦难的历程。

蒂萨河一战后，蒙古军乘胜拿下佩斯城，等北路大军和南路大军会合，本来是约好三支主力会合决战的，现在一支部队就已经解决了。大军就住在多瑙河畔享受美丽的夏天,整整玩了一个“暑假”。这时，速不台把这一带的匈牙利人赶走，把他们的财产和畜牧扣下，准备在这里建立起自己的统治。

到了冬天，速不台又开始计划“冬季战役”了，说是“战役”，其实是打不起来的。因为除了祈祷上帝保佑外，还有哪个西欧国家能阻止蒙古大军？意大利就别说了，德国根本就不是对手，估计就是法国还能抵挡一下。

初冬的第一场雪刚落下，蒙古军队各路又开始势如破竹的西欧征程。蒙古大军越过尤利安山脉进入意大利，前锋离威尼斯不到 50 公里，侦察小队已到威尼斯郊外。而蒙军主力也挺进到离维也纳仅十几公里的地方，维也纳城门紧闭，准备迎接一场恶战。

这时候，一个惊人的消息经历了几个月终于传来，蒙古大汗窝阔台死了。

按成吉思汗留下的规定，大汗死后，成吉思汗的子孙们必须聚集蒙古大选出新大汗。二次西征实质是成吉思汗诸王子组成的“长子兵团”征战西欧的。他们不得不全数赶回参加会议。就这样，蒙古大军从“紧闭着城门发抖”的维也纳转身，从威尼斯的郊外转身。沿着来时的路，大步撤回。

这时候，整个西欧一片“欢腾”，匈牙利人民无厘头地“解放”了，从森林里跑出来，重新回到自己已成废墟的家中，可怜的匈牙利人啊！此时全国剩不到 100 万人。

回师中的蒙古军队，手痒打了一个擦边球，多走一圈，顺带把塞尔维亚王国和保加利亚王国灭了。

公元 1242 年，蒙古大军的第二次西征历经 6 年就结束了，12 万蒙古军队消灭了总数达 60 万的欧洲军队，创造了人类战争史上的惊人奇迹。

不知道电影人，有没有将成吉思汗和他的蒙古军队拍成电影的意向，这绝对是看起来既异想天开，却又实实在在、确有其事的好的历史题材，故事如此的跌宕起伏，场面如此的壮观，地域如此的宽广，很难有相类似的历史题材和它“媲美”。

中国清代皇帝的侍卫，常由蒙古人充任

蒙古军战术特点

1.射人先射马。
2.毒箭（史料记载蒙古人的毒箭含砒霜、巴豆，产生强烈的毒烟）、燃烧油。
3.身着轻装的蒙古军队速度和耐力远远高于敌军，靠着部队的高度机动性，在欧洲消灭了大量装甲坚固但行动笨拙的欧洲军队。
4.蒙古马是世界上忍耐力最强的马，对环境和食物的要求也是最低的；而且，蒙古骑兵使用大量的母马，可以提供马奶，这也减少了蒙古军队对后勤的要求。

11

18 GREAT BATTLES OF CHANGING

THE WORLD

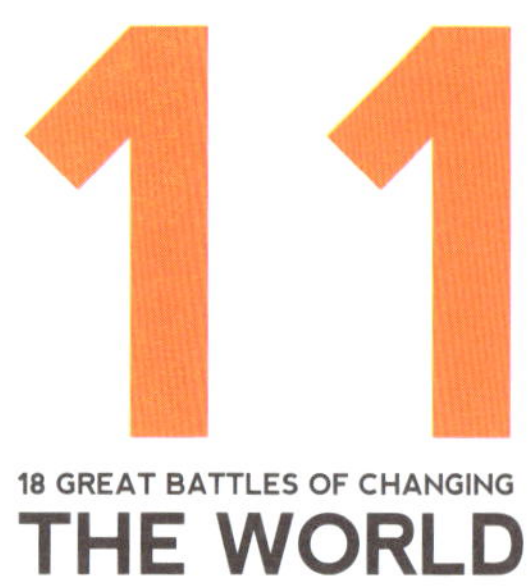

欧洲走出中世纪之战

——勒班多海战

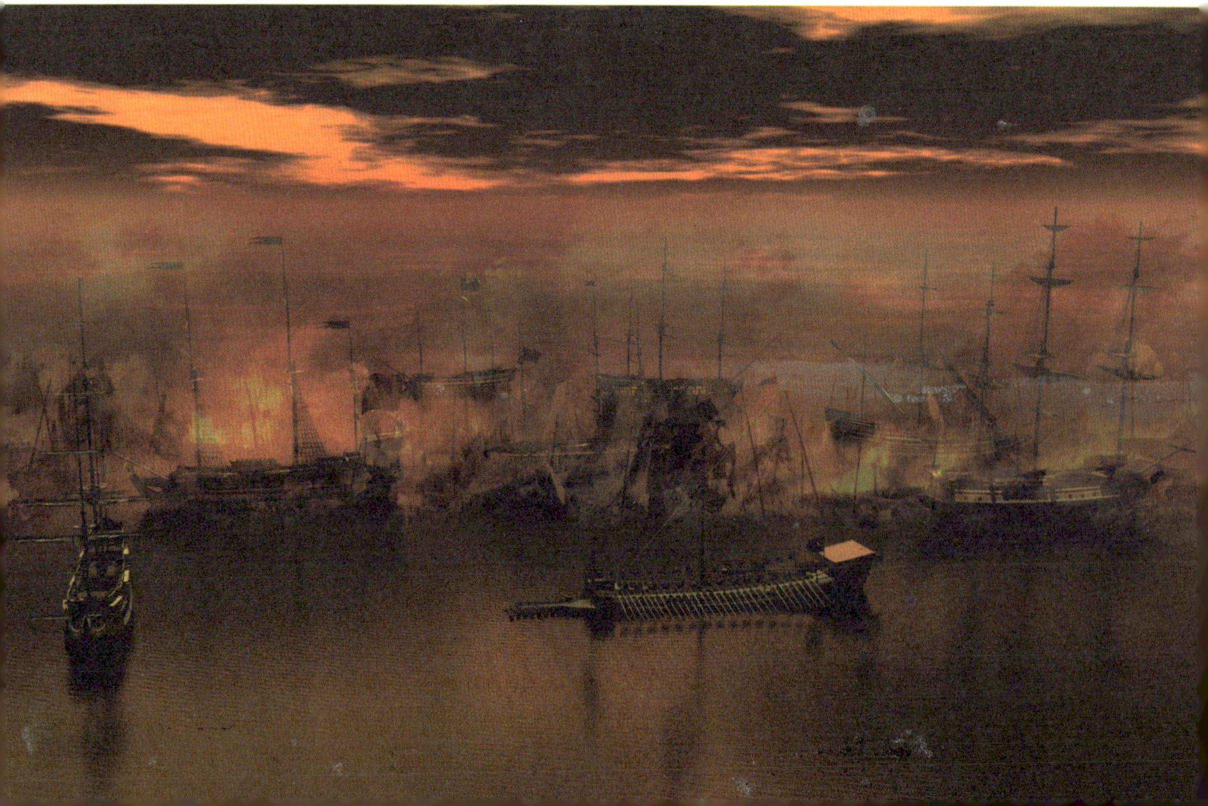

要不是5世纪时匈奴王阿提拉“无厘头”地接受罗马主教利奥一世硬着头皮去军中的劝说，又“无厘头”地皈依了基督教，罗马教权就不可能昌盛，中世纪的教皇制度也不可能由此而起。

如果当初不是打遍天下无敌手的蒙古大军“无厘头”地撤离欧洲，中世纪的黑暗早就该结束了。

同样，到公元14世纪，原本是个游牧部落，信奉伊斯兰教的土耳其，在中亚和西亚坐大，并且吞并欧亚大片领土，攻克了东罗马帝国的首都君士坦丁堡，兵临北非和巴尔干，三分之二的地中海沿岸在它的管辖范围内。

到16世纪中叶，苏里曼二世继承王位，开始了更雄心勃勃的计划，要吃掉威尼斯和西班牙这两个劲敌，打通伸向大西洋的通道。

“无厘头”的联盟

话说当时威尼斯这个国家，还是个世界强国，拥有当时全欧洲最大的兵工厂，实质就是威尼斯火药厂，制造炮弹之类的。这个工厂在1569年9月13日发生大爆炸，波及停在附近的海军舰队，损失了4艘舰船。可好大喜功的探子却夸大为威尼斯海军全军覆灭，苏里曼决定先向威尼斯动手。

土耳其于1569年9月13日先向威尼斯派出一个使臣，要求威尼斯交出塞浦路斯岛，理由是其原是耶路撒冷王国领土，所以现在应归土耳其。在遭到拒绝后，奥斯曼帝国舰队在1570年7月22日强行登上塞浦路斯岛，并且围攻其首府尼科西亚。9月9日，攻陷尼科西亚，所有守城士兵全部被杀。岛上另一个城镇法马古斯坦也岌岌可危。

虽然威尼斯早向所有基督教国家求救，但是因为威尼斯共和国曾与土耳其有过一段同盟的历史，因此被众多基督教国家嗤之以鼻。

但教皇庇护五世却很有政治头脑，他认为，如果救援威尼斯，就能重获地中海的控制权，把奥斯曼帝国的北非和欧亚部分分离，阻止奥斯曼帝国向西欧扩张。如果威尼斯救援不成和土耳其媾和，那对基督教世界是个致命打击。

因此，庇护五世于1570年7月间，召集基督教国家商议建立基督教同盟。他力排众议，说服西班牙国王腓力二世支持成立神圣同盟，并任命同父异母的弟弟约翰为同盟军统帅，教皇的海军将领柯伦那为副统帅。

话说威尼斯这厢，因基督教国家迟迟没有回音，在心灰意冷的时候，只能派一个使臣拉格佐尼于 11 月 8 日到君士坦丁堡，希望和土耳其媾和。土耳其大喜，诱惑威尼斯只要向其臣服，就可附着苏丹的“骥尾”，在欧洲为所欲为，享受永久的和平。拉格佐尼带着土耳其的“嘱托”回国，在途中会了一下情妇，耽误了几天，结果他还未来到意大利，神圣同盟就宣布成立了，他迟了一步，结果也“无厘头”地没他事了，拉格佐尼愤愤不乐。历史转折点往往是偶然的。如果自己“不瞒着领导”、没有点“作风问题”的话，这个世界也就会“无厘头”地向着相反方向转变了。

联合舰队向勒班多湾挺进

1571 年 9 月 10 日，联军舰队从墨西拿浩浩荡荡地驶向交战海域——勒班多湾。

联合舰队总共有 208 艘快船，后来又增加了 17 艘，还有 6 艘中型船、26 艘大船和 76 艘小船，总共为 333 艘战船。

联合舰队的主力战船是快船。著名的威尼斯兵工厂动用成千上万的工人，启用所有锅炉，开展地狱般的劳动，紧急制作了数百艘快船。它是单层划桨风帆战舰，长 40~60 米，宽 6 米，联军的快船比土耳其快船火力强，船首装有 5 门火炮（当时的军舰已大量使用火炮），舷还有轻炮。而土耳其快船仅前部 3 门火炮，护板不及联军船厚。

在中世纪的海战中，举足轻重的还是中船，威尼斯兵工厂又创造性地把一些商船改造成这种战舰，它的首部呈圆柱形，配上 15~20 门火炮，浑然一个大炮台。两舷各有 4~5 门多管炮，浆手都藏在上层甲板内，使用的是三角帆，航行快捷灵活。

联军统帅约翰要求中船当前卫，充分发挥火炮优势，他还下令拆下快船的长喙，以便使主炮开火时能完全靠重力下压，直射敌舰舰身。为了解决帮派问题，他把各国人员混编，各位将领不得单独撤退自己的船只。

另外，联军战船还有在押犯人，但

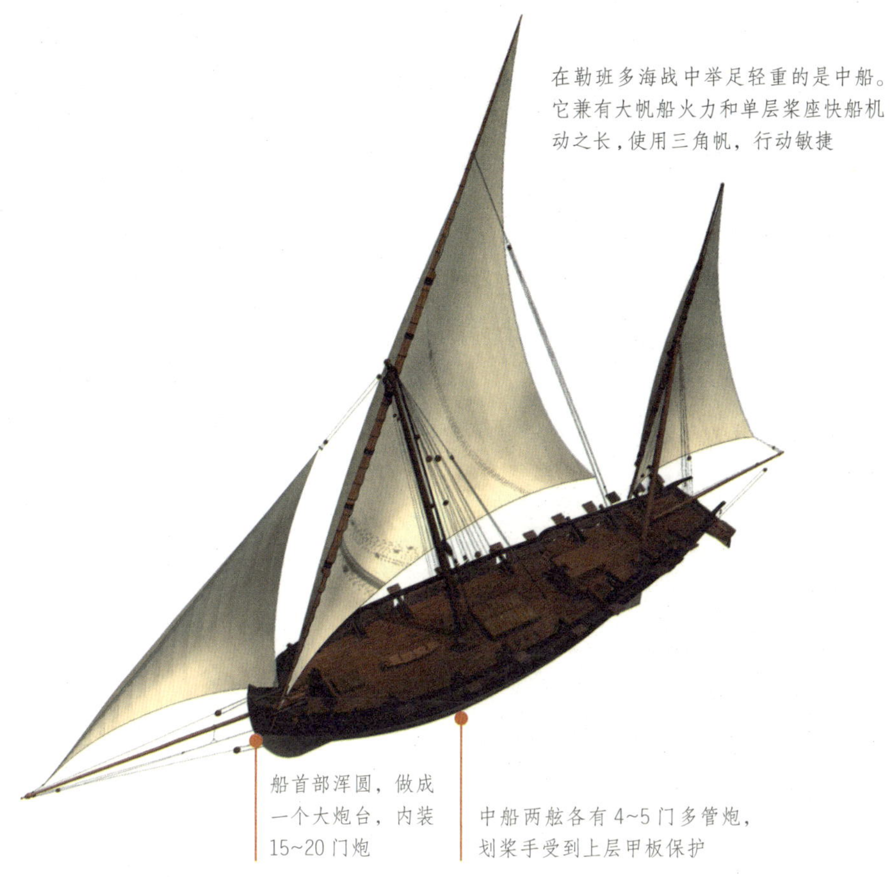

在勒班多海战中举足轻重的是中船。它兼有大帆船火力和单层桨座快船机动之长，使用三角帆，行动敏捷

船首部浑圆，做成一个大炮台，内装15~20门炮

中船两舷各有4~5门多管炮，划桨手受到上层甲板保护

他们的枷锁已经被解除，还把枪炮给他们，若能英勇作战即可获得自由身。

两军布阵，秣马厉兵

联军和奥斯曼海军终于在1571年10月7日在勒班多相遇，开战前双方赶紧布阵。

联军舰队布阵如下：最前面有一支突出的前卫分队，后面有一支机动的后卫分队。中央舰队以64艘快船为核心，约翰亲自坐镇指挥，费尼罗和柯伦拉担任副统帅；右翼有64艘战舰，指挥官为多利亚；左翼也是64艘战舰，司令官是威尼斯著名战将巴尔巴里哥；西西里将领卡尔多拉任前卫司令；卡塔吉拉的侯爵克鲁兹作后卫。

联军舰队在阿克西亚角和斯克罗法海角之间摆开了宽约6000米的大横列战阵。左翼接近斯克罗海岸，右翼接近南边的帕特雷湾。

奥斯曼海军舰队布阵如下：组成一个巨大的弯月阵式；海军统帅阿里巴沙指挥中央支队的87艘快船，8艘小船；乌尔齐指挥左翼支队的61艘快船，32艘小船；西罗柯指挥右翼支队的54艘快船，2艘小船；其他还有8艘快船和21艘小船作为后备队，作应急之用。

勒班多海战

联军的左翼支队的突击前卫船队与土耳其的右翼支队最先交火。联军中船用密集的炮火把全速冲进其火炮射程内的土耳其军舰打得落花流水。土军西罗柯命令右翼沿海岸航行，以借水浅礁多，让吃水深的联军战舰难以追赶，并躲避其炮火，伺机绕到联军的后面，与快船、小船实行近战肉搏。确实火力不如对方，只能搏勇。

但是，联军左翼的巴尔巴里哥发现了土耳其的作战意图，当即命令舰炮拦截阻击。一时间，炮火连天、箭雨飞舞，土军几乎没有还手之力。巴尔巴里哥马上令快船全线出击，围歼土军战船。这时，破船、沉船连续燃烧成一片火海，里头夹杂着碎木、残杆、破帆和难计其数的尸体，一片恐怖和残酷的情景。土军除7艘战船逃脱外，其余全部动弹不得，只能等死。

这时，剩余的土耳其海军拼尽所能，集中所有快船，“揪”住联军旗舰，死

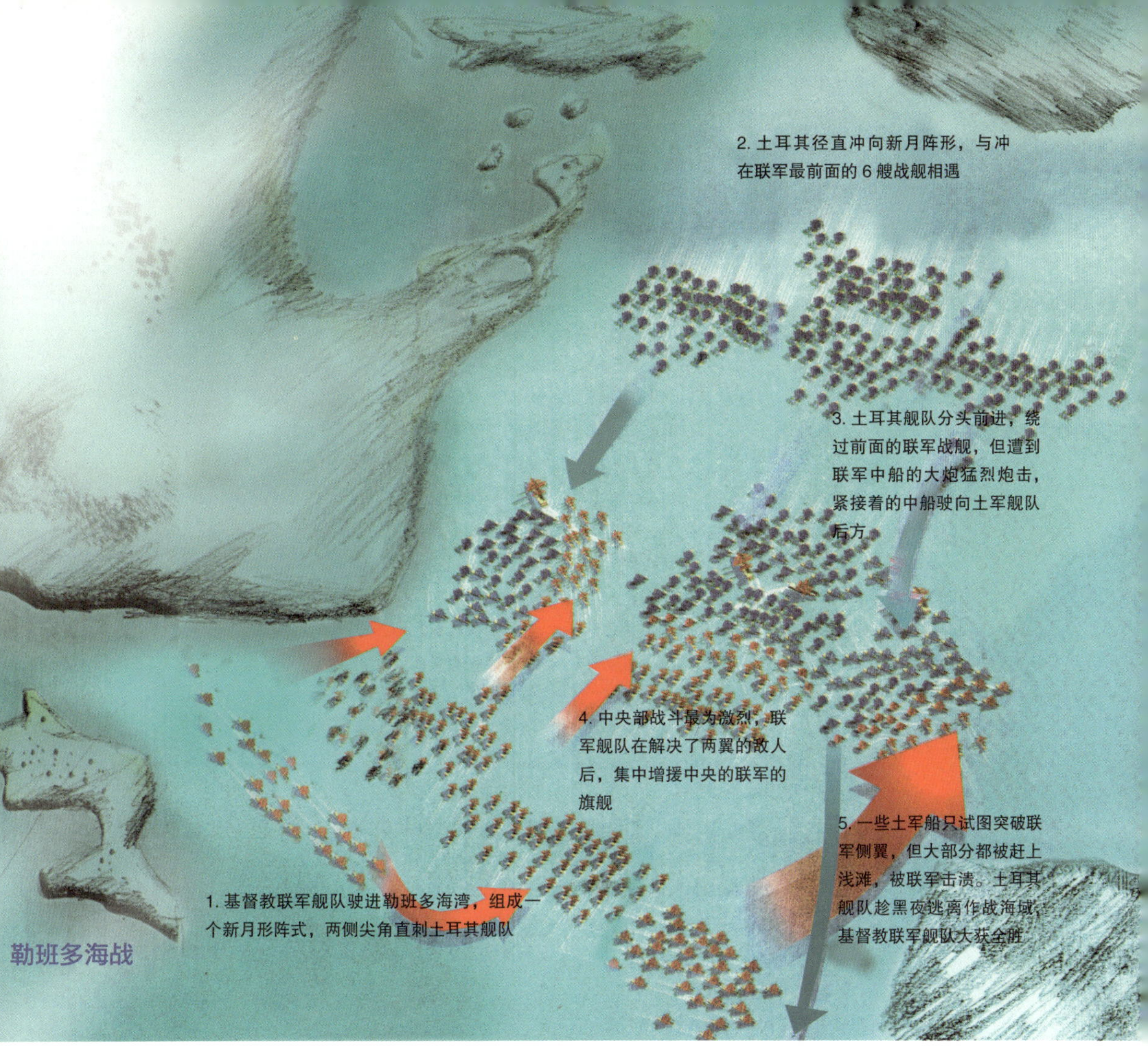

缠烂打。巴尔巴里哥被突如其来的飞弹击中眼睛，退下船舱。他的侄子康塔里尼立接替其指挥，保持阵容，终于左翼支队将敌军右翼支队全部赶到岸上。土耳其军官兵丢盔弃甲，赶紧逃命，却被等候已久的联军步兵追杀。土军右翼支队司令西罗柯负伤被联军生擒，土耳其军右翼被全歼。

就在联军左翼支队与土军交火半小时后，约翰带领的中央支队和土军总指挥阿里巴沙的中央支队展开火炮对攻，一时间，大家主力对主力地硬拼，约翰的两艘中船发出雷鸣般的炮声，直打得土军舰船起火燃烧、士兵血肉横飞。

尽管武器落后，但土军勇气可嘉。它不顾联军猛烈炮火，高速冲向联军战舰，欲与其进行肉搏决战。

此时，双方以旗舰为核心的格斗残

酷地展开。阿里巴沙率领的旗舰首先向联军“皇家”号旗舰撞击，舰首长喙与“皇家”号的绞索缠在一起不可分开。土军集中了局部优秀的兵力，围住了“皇家”号。4万名土军将士挥舞刀枪杀向“皇家”号，但马上被300名联军炮手挡回，甲板遍布土军的尸体，鲜血染红了甲板再流向大海。土军休整了一下，又在阿里巴沙的亲自指挥下，发动了新一轮冲杀。他们先将大桶的柏油等易燃物洒到“皇家”号甲板上，接着投掷火弹引燃。数百名将士冒着浓烟烈火，涌上“皇家”号，双方都杀红了眼，但毕竟约翰将士是在船上处于守势，几百人在甲板上，对来犯的敌人只要上一个就砍一个，上一堆就全部人扑上，同样是瓮中捉鳖，但肉搏上保持人数的局部占优。所以，约翰的将士们还是打垮了土军的二次冲锋。

这时，约翰的两位副将费尼罗和柯伦拉消灭了外围的土军，从两个方向同时朝中心冲击，对土军旗舰发起第一次反攻。由于土军拼死抵抗未能上舰。接着，两位副将又率众舰向土旗舰发动第二次反攻，土军快速集中火力，猛烈还击，使其不能靠近，联军的反攻被击溃。这时已经打到下午13时，柯伦拉迅速以猛烈的攻势将土军的普尔陶座舰击毁并焚烧。然后，边高速边猛轰土军旗舰。约翰见机会来了，迅速组织第三次反攻。这次联军从舰船数到人数都占优，以压倒优秀兵力登上敌旗舰，土军主帅阿里巴沙在混战中被一颗弹丸击中前额，倒在甲板。联军1名士兵立即快刀取下他的首级，高高举起大喊：“阿里死啦！阿里死啦！”这下土军见到主帅的首级，吓得两腿发软，全部投降。

但同时，联军的右翼只有64艘战船，却要对付土军的左翼94艘战船，明显处于劣势，结果被土军左翼打得只有招架之力，无还手之力。指挥土军左翼的是久经沙场海盗出身的乌尔齐，他首先指挥舰队向南航行，好像是要从右翼迂回到后方对联军实施打击。联军的右翼指挥多利亚错误地带领舰队向右航行，接近土耳其军。结果导致其舰队与联军中央舰队形成很大一个缺口。这时，乌尔齐见时机已到，马上终止迂回，率领舰队改变航向，向缺口猛冲，同时对联军中央支队右翼实施打击。联军战舰顿时被冲散，不少舰只成了俘虏。

联军前卫支队卡尔多拉见此阵势，马上率8艘船增援，即遭土军16艘快船包围。最终联军前卫支队寡不敌众，500名将士战死，卡尔多拉身负重伤。

约翰得知右翼支队受困、前卫支队被歼后，立即派克鲁兹亲率后备梯队前来增援。卡尔多拉见援兵来了，率剩余战舰杀个回马枪。土军反而前后夹击，乌尔齐有自知之明，赶紧将缴获的联军战旗挂起，趁夜色难以分辨，率领残余舰船逃跑。

走出中世纪之战

神圣同盟在勒班多海战取得了伟大的胜利。土耳其舰队除乌尔齐率领的残余逃跑舰船外，整支舰队覆灭，共击毁113艘舰船，被俘117艘舰船，3万土军被杀，8000人被俘虏，淹死不计其数。约翰缴获274门火炮。联军将士们还大发战争横财，因为土耳其将领身上很多细软，在阿里巴沙船上有15万枚金币，另一艘船也有上千万枚，这些都被联军将士们毫不客气地“收取”了。

应该说这次海战是欧洲走出中世纪的决定之战，因为至此，地中海的军事格局出现了明显的逆转，基督徒国家积极地向土耳其奥斯曼帝国发起进攻，从这时起，直到1697年，萨伏依的欧仁亲王将土耳其马穆塔法二世的军队赶入台斯河，从根本上杜绝了土耳其对欧洲的威胁，曾经不可一世的奥斯曼帝国走向灭亡，欧洲走出了中世纪，迈向大西洋，走进了美洲大陆，才有了一个叫“美利坚合众国”的国家。

拿破仑时代的到来

——奥斯特里茨战役

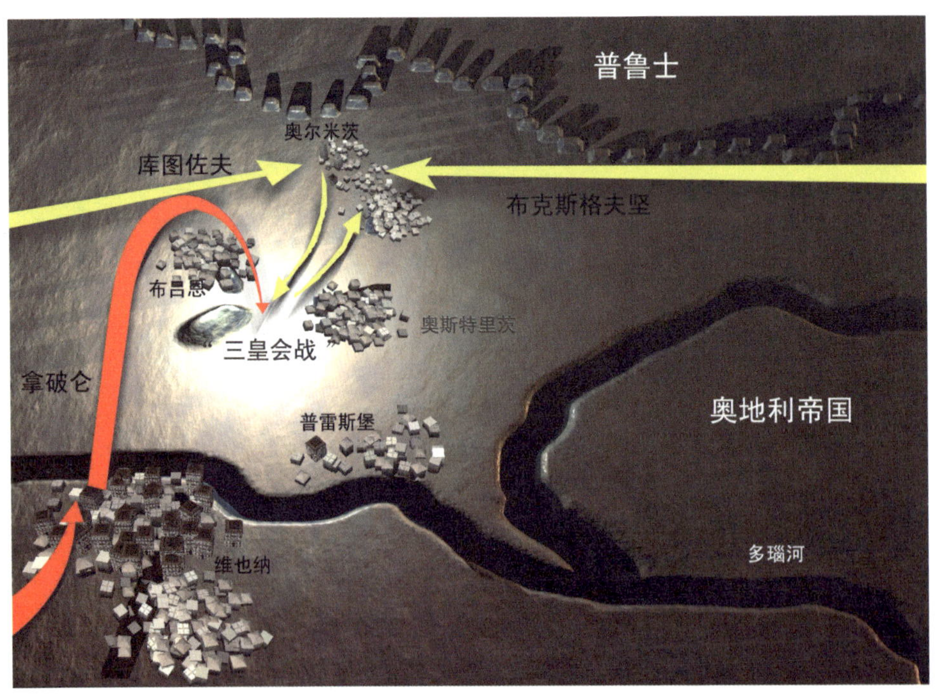

在巴黎到处都有拿破仑的痕迹，你到那些历史景点观光，总听到导游说“这是拿破仑什么的”“那是拿破仑什么的”。

拿破仑无论怎么样，确实是让法兰西人民引以为傲的，虽然执政时间不长，但他却好像在向全世界宣布：法国人民从此站起来了！

拿破仑的一生简直就是法兰西民族精神的体现，从不断变换的情妇到经历无数次的大小战役，概括起来就是“情圣”与“战神”。

“战神”的巅峰之作，当属被称为“三皇会战”的奥斯特里茨战役。即刚加冕的法国皇帝拿破仑同奥地利皇帝费朗茨二世和俄国沙皇亚历山大一世的战争。而俄奥联军总指挥是一位久经沙场的老兵——60 岁高龄的独眼陆军元帅库图佐夫。

欧洲的挑战

19 世纪初的欧洲应该是全欧洲人民团结起来，反对以拿破仑为首的帝国主义集团。首先是沙皇俄国和奥地利结为联盟，反对拿破仑。拿破仑闻声而动，放下手头上 1803 年就开始制订的进攻英国的计划，在法国南部罗涅集结兵力，赶赴德国，及时阻止库图佐夫对被围困的奥地利将军麦克的增援。10 月 20 日，拿破仑及其巴伐利亚同盟军已将麦克的奥地利军团包围于乌尔姆（今德国的慕尼黑和斯图加特之间），使得 2.7 万奥军投降。

在乌尔姆逃脱的奥军残兵败将与俄军 5 万人会合后向东退却，库图佐夫为了避免激战，北上摩拉维亚，11 月中旬主动放弃了奥地利首都维也纳，拿破仑当即率兵进入。

1804 年 5 月 24 日，第三次反法同盟成立，不过普鲁士拒绝加入同盟，只与沙皇俄国单独结成防御联盟。另一方面，普鲁士也拒绝同法国结盟。弄得沙皇亚历山大很尴尬，不得不给普鲁士皇帝施压，限令其 12 月 15 日前加入反法同盟。

拿破仑也想争取普鲁士改邪归正，急于在普鲁士入盟之前发起进攻，力争用胜利来教训普鲁士听话。于是他率领 7.3 万的法国大兵紧追库图佐夫，一直追到摩拉维亚南部、布尔诺以东十几英里处的奥斯特里茨村庄。这时，俄奥联

19 世纪初是火炮最盛行的时代，拿破仑本身就是炮兵学校毕业的专业炮兵专家，所以拿破仑指挥战争都会大量使用火炮

19 世纪初军队大量使用转轮点火手枪，特别适用于骑兵，它已取代了长矛

这时候的步兵已大量使用有刺刀的步枪参战

军约 8.7 万人也来到了奥斯特里茨，两军相距 60 余公里。

拿破仑的声东击西战术

拿破仑看好了桑托山这一天然堡垒中间的普拉琴高地，决心围绕这一高地做文章，因为该高地南部还有两个浅水湖。拿破仑的强项就是善于利用地形条件，迅速判断敌人动向，而后采取行动。

拿破仑决定在联军到达前放弃普拉琴高地，就是让敌人误认为法军人少，准备撤军。其实，他在南翼做了精心部署，为了严防联军攻击，他将骑兵主力隐藏在左翼乌迪诺的掷弹兵、皇家近卫军和贝尔纳多特的第一军背后，主要意图是，引诱敌人把主攻方向指向法军防御薄弱的南翼，即普拉琴高地和扎钱湖之间的地段；乘联军南移而中间空虚之机，集中法军主力从中段反击，取回该地区的普拉琴高地；接着向南卷击，以扎钱湖及附近沼泽地带为铁砧板，以从北面压来的法军主力为铁锤，将敌歼灭于普拉琴高地和扎钱湖之间的地区。因此，拿破仑决定，要在防线北段集中全部兵力的三分之二，而在南段同样宽阔的正面上，只配置三分之一的兵力。

激战普拉琴高地

当看到法军放弃普拉琴高地后，俄奥联军真的认为法军且战且退，于是在奥斯特里茨摆开阵式。

12月2日早上7时左右，联军各自排成密集队形，展开大约12公里的正面战线，向法军进攻。

一切都按照拿破仑的“计划”进行。在战线南段，联军打得非常顺手，毕竟是4∶1的兵力优势，于是联军“势如破竹”连克两个村庄，法军不断后退，联军似乎打得过猛，一下子就突到了戈尔德巴赫河西岸。

这下有点出乎拿破仑所料，不能让联军在此形成稳定防御，必须引更多的敌人投入到这个方向。于是，拿破仑命令在该段二线的第三军迅速投入战斗，从西南方向突击敌人左侧后方，让已经渡过戈尔德巴赫河的联军，被迫向河东撤回。

这时坐在普拉琴高地上静观战局的联军总司令库图佐夫，虽然此时已被剥夺指挥权，但仍有指挥一个军的权力，他对联军南翼受点挫折完全可以理解，他要在关键时候才把自己这个军用上。可沙皇等不及了，看到联军主力受阻，进攻部队有后退迹象，马上严令在普拉琴高地的这个军放弃阵地，前来增援南翼的联军部队，保证南翼联军的右翼和侧后安全。殊不知，这正是拿破仑所希望的。

拿破仑等待的时机到了，上午9时左右，当他透过逐渐散开的浓雾，看到俄军自动撤离普拉琴高地时，即命第4军左翼2个师迅速从高地北侧进入，经过短暂战斗，消灭了高地上几个守军，完全占领了该高地。

普拉琴高地一失守，沙皇马上意识到自己失策了，因此，在库图佐夫

拿破仑的法国近卫骑兵

拿破仑时代的法国陆军

的协助下，将所有预备队用上，连续4次进行猛烈的反击，结果都被法军击退，到了中午11时左右，经过2小时的拉锯战，俄军再也无法对普拉琴高地进行反攻。这下轮到法军反攻了，下午15:30，法军开始向低处敌军开炮，从高地冲下的法军骑兵把联军阵地中央切开，形成不能策应的南北两部分，而南面的联军主力则完全暴露在法军占领的普拉琴高地的炮火之下。

奥斯特里茨会战

此时，北段的法国第5军和第1军在法国元帅缪拉的骑兵军有力配合下，打退了由俄军将领巴格拉季昂指挥的两个军的冲锋，稳守住了阵地，指挥作战的缪拉元帅和指挥第5军的拉纳元帅，都曾参加过法国大革命，这场革命重新洗牌后，给了每个人平等发展的机会，2人都在革命中发迹。缪拉本来是小酒馆老板的儿子，本应到教堂任职，而拉纳早年是染坊学徒，后来他们都成为拿破仑手下的得力军官。这时，他们果断地进行反击，把北面的联军部队赶回奥斯特里茨。

俄奥联军整条战线的中部和北部都被法军击溃，最后仅剩南部的主力部队了。由于其被法第3军和第4军部分牵制，动弹不得，又由于处在普拉琴高地和扎钱湖之间，左翼又是沼泽地和湖泊，

法国胸甲骑兵

右翼和侧后又受到普拉琴高地的炮火打击，进退两难。拿破仑见机会已到，调集所有火炮，往此地区的联军猛砸，然后他指挥法军主力对联军南翼 3 个军的翼侧和侧后作最后的冲击，法军高呼口号势不可挡地从高地往下横扫过来，联军顿时崩溃，他们大部分被压缩到扎钱湖和莫尼茨湖之间的沼泽地带和结冰的湖面上。此时，普拉琴高地上的法国炮兵，惨无人道地对已经毫无作战能力的俄奥联军所依附的冰面炮击，顿时偌大的冰雪湖面瞬间裂开，几千人顷刻间葬身湖底，刹那间的人间悲剧，把所有人都震呆了，仗自然很快地结束了。

好在冬天的白昼救了俄国皇帝和奥地利皇帝的命，他们侥幸地逃出法军包围。联军统帅库图佐夫也负了伤，但总算逃了出来，“留得青山在”，库图佐夫在以后成了拿破仑的克星。

下午 16 点 30 分，下着小雪，拿破仑在元帅和将军们的簇拥下，策马欣赏了他所“创作”的场面最为壮观的“行为艺术作品”。

布尔诺
戈尔德巴赫河
法军奥地诺特榴弹步
兵师、贝西纳尔近卫
军组成的预备队
法军缪拉骑兵军团
拿破仑的指挥部
马克斯多夫
法军达乌第3军团
图拉斯
莫尼茨湖
狄尔尼兹方面的俄军左翼

3 大约在上午7时30分，拿破仑发现，对面俄军战线上的中央枢纽普拉琴高地竟然无人占领
普拉琴高地
其实是原在高地坐镇指挥的库图佐夫在沙皇严令下，增援哥罗拉德去了，中央主力正向左翼运动，以期迂回法军后方
法军苏尔特军团
拿破仑立即抓住这一难得的战机，命令位于中央的苏尔特军团夺取普拉琴高地，力求将联军一刀斩成两段，库图佐夫见势不妙，立即调动预备队前来争夺，会战进入高潮
4 约中午11点，法军在连续粉碎联军4次进攻后，终于占领普拉琴高地，将联军断为两段，这是会战的转折点
在展开普拉琴高地争夺时，法军右翼在俄军重压下出现危机，被逼退到马克斯多夫和图拉斯，俄军一部已经渡过戈尔德巴赫河，准备迂回法军后方
随后法军苏尔特军团顺势从普拉琴高地迂回到狄尔尼兹方面的俄军左翼主力后方
但在9时许，达乌第3军团救星般从莱格伦赶到战场，对俄军左翼猛烈侧击，将其逐回对岸，从而挽救了法军右翼
在法军的前后夹击下，俄军左翼主力迅速崩溃，纷纷逃进结冰的扎钱湖，从莫尼茨湖和扎钱湖之间的狭路冲出。拿破仑命令向湖面开炮，冰破人陷，俄军被杀死、冻死、溺死者甚多，走投无路的残兵败将纷纷缴械投降
5 此战俄奥联军伤亡1.2万人，被俘1.5万人，库图佐夫负伤险些被俘，奥皇和俄皇的侍从卫队扔下他们的皇帝四散逃命，两位皇帝很快骑马各奔东西，落荒而去
扎钱湖

2 而在中央和左翼集中了6万兵力，形成局部优势对付联军的4万部队
1 法军在地形复杂的右翼仅部署了1万人，以牵制联军的4万之众
12月2日拂晓前，俄奥联军分成6路由西向东进攻，巴格拉齐昂和利希特斯坦进至普拉琴高地东北
法军兰诺第5军团
君士坦丁公爵的近卫军充当预备队，构成联军右翼，同法军左翼兰诺第5军团和伯那多特第1军团交战
法军伯那多特第1军团

联军巴格拉齐昂
奥斯特里茨村
联军利希特斯坦
君士坦丁公爵的近卫军
利塔瓦河
奥尔米茨
库图佐夫

18 GREAT BATTLES OF CHANGING
THE WORLD

战胜拿破仑

——博罗季诺战役

库图佐夫

俄罗斯这个国家特别邪乎，自打它建国以来，真正去碰它的也就只有匈奴和蒙古这样的“蛮”族。因为俄罗斯这地方除了美女外，其他真的是没什么“油水”，不像中西欧地少物厚，打一小块地方，就可以尽情享受。而俄罗斯可谓是地大物薄，打老大一块地方，却连一粒糖果都难找到。所以，性价比不高，也就很少人烦它了。

况且俄罗斯这个国家仿佛是受到上帝偏袒，谁要敢碰它，谁就肯定由盛变衰。但在近现代史上却有两个“宝贝”，不信这个邪，硬要闯“红灯”，结果无一例外，牛气哄哄地进去以后，弄得元气大伤，好不容易回到“家”后，就一命呜呼。

这两个“宝贝”，一个是拿破仑，一个是希特勒，这俩家伙凭借自己身强力壮，天不怕，地不怕。拿破仑敢揍俄罗斯，是因为这个俄罗斯爱惹是生非，经常到别人“家”里骂他，骚扰他，气得他非揍这个“臭婆娘”不可；希特勒倒是挺有超前经济头脑的，看上俄罗斯的地下石油，抢先半个世纪来争夺能源地盘。这两个历史大人物几乎是在同一季节（同是冬季）、同一地点（莫斯科附近），遭到同一下场。他们都被俄罗斯人追打得狼狈不堪，遍体鳞伤地、毫无尊严地回到家。希特勒就更惨了，被俄罗斯人追到家门口,连人带家一锅端。

二战苏德战争爆发时，德军兵临莫斯科城下，当打到最接近首都的时候，适逢十月革命节，这在当时的苏联无疑是最为盛大的国家节日。但此时，国家正处在最危险的时候，斯大林毅然决定阅兵式照常，他在阅兵式上提到一个让俄罗斯人振奋的名字——库图佐夫,“希特勒想消灭的是库图佐夫的民族”。一提起“库图佐夫”，红军士兵高呼：“乌拉！”阅兵方队直接开赴战场，这种气壮山河、洒血疆场的英雄气概,50年后，我到莫斯科红场似乎还听到当年那雄壮的脚步声。

为什么提起“库图佐夫的民族”会让俄罗斯人振奋？原因是：库图佐夫——博罗季诺——莫斯科，这3个关键词是连在一起的，今天“库图佐夫的民族”拒德军于莫斯科门外的精神支柱就是：当年的库图佐夫在博罗季诺（也就是莫斯科）战胜了拿破仑。

拿破仑杀到

1812年6月，拿破仑率领欧洲历史上最庞大的军团，超过50万人，正式发起了对俄罗斯的战役。拿破仑坚信，这场战役就是要了结法国大革命以来的一系列影响欧洲的长期战争，因为俄国这个“多嘴婆娘”一直挑拨欧洲各国与拿破仑作对，让他日子越来越不好过。为了法国的长治久安，这次拿破仑豁出去了。直接打到俄国境内，要跟俄国沙皇和军队一了百了。

俄军当时的统帅是巴克利将军，他非常清楚，与拿破仑硬拼没必要，俄罗斯有比欧洲大几倍的国土，干脆就让他来溜达，在战场上兵戎相见之前，先把他的兵耗掉。这一招还是挺“毒”的。法军骑兵从一开始就举步维艰，不断地寻找和打击撤退的俄军，弄得缪拉的骑兵和战马精疲力竭，又不断受到哥萨克骑兵的骚扰。而且法国大军习惯于在物产丰富的中西欧地区作战，当深入到俄国这样一个资源稀少的辽阔大地时，真是生存都面临严峻挑战,因为粮食匮乏，水源枯竭,特别是俄国人还在井里放毒，把庄稼烧掉，拿破仑遇到这样的对手真是拿他没办法。

两个月后，拿破仑终于看到俄国人在斯摩棱斯克摆下阵式，高兴的他，认为终于可以打一仗了。可等到忙于准备方案时，巴克利又改变主意，下令全面撤退，弄得拿破仑白忙活一阵，又只能眼睁睁看着俄军弃城而去。

但此时，不单拿破仑不“爽”，连俄国沙皇也不“爽”，他再也不能让巴克利的焦土政策把他的国家变成废墟。于是起用库图佐夫担任军队统帅。

库图佐夫急于开战，终止了部队的撤离，在莫斯科以外 80 公里处的博罗季诺村附近，沿着莫斯科河边连绵起伏地筑起工事和碉堡，下定决心真正要与法军决战。

1.1812 年 9 月 7 日的晨光初露之时，拿破仑的 400 多门大炮开始轰鸣，密集轰炸俄军阵地

2. 拿破仑指挥内伊、达武、缪拉元帅的部队对俄军中心的钝角堡群（野战工事）发起 8 次冲击。双方短兵相接，巴格拉季昂身负致命重伤。法军付出巨大伤亡代价才占领了钝角堡群

3. 博加尔涅军攻占博罗季诺村，然后渡过莫斯科河，向拉耶夫斯基炮垒发起进攻，以支持法军的中部进攻，但在这个坚固的大堡垒内的俄军一次又一次地阻挡了法军的进攻

5. 由普拉托夫将军率领的骑兵和由乌瓦罗夫将军率领的哥萨克骑兵，在拿破仑的左翼地带发起了一场大规模的骑兵奔袭，并威胁到法军的后勤补给线，迫使法军停止了对第 2 集团军的冲击，并将对拉耶夫斯基炮垒的第三次冲击推迟了 2 小时，拿破仑不得不动用骑兵预备队实施反击，迫使俄军退却

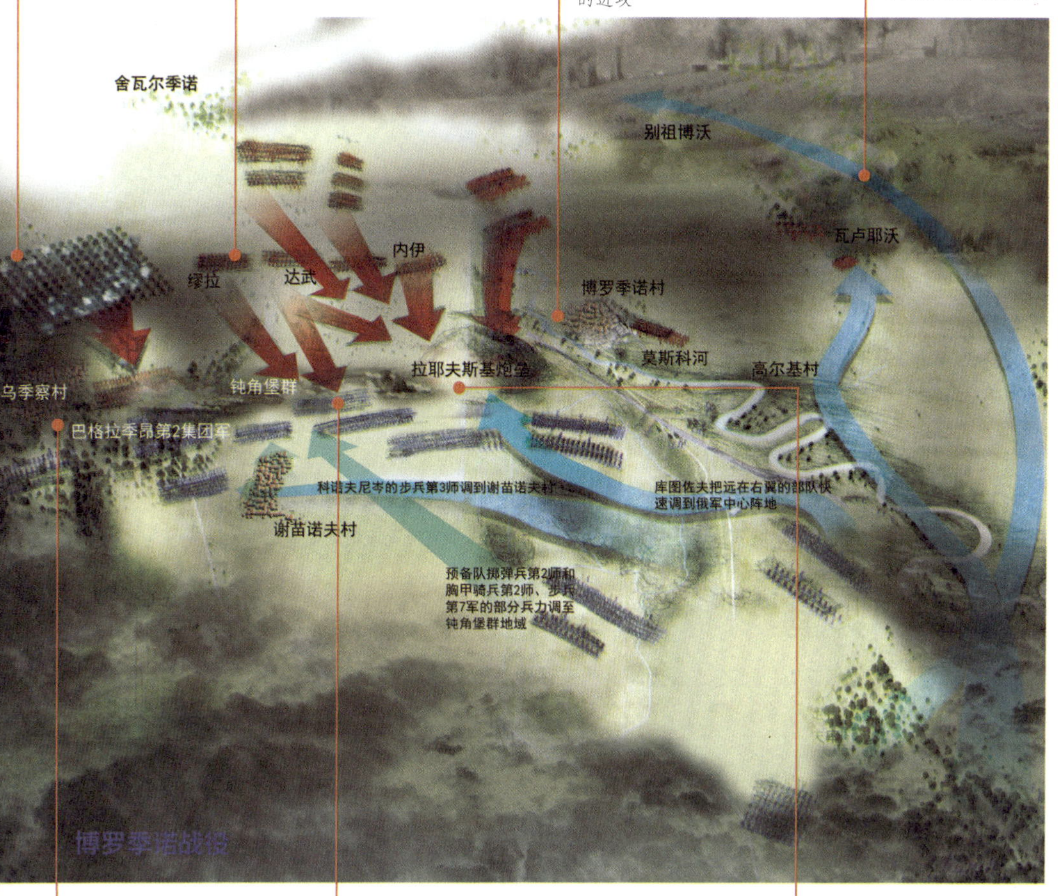

4. 在法军第三次冲击钝角堡群的同时，波兰军企图夺占乌季察村，插向巴格拉季昂集团军的后方，但是俄军粉碎了法军的迂回机动

7. 法骑兵军继续扩张战果的企图，却被俄军骑兵军的反突击所粉碎，俄军左翼第 2 集团军余部在抗击内伊和达武的步兵军及骑兵军的多次猛烈冲击以后，退至谢苗诺夫村以东的第三阵地固守

18 时，俄军仍然坚韧不拔地屹立在博罗季诺阵地上。拿破仑无论在哪一个方向上都未能取得决定性的胜利，但又未能下决心把自己最后的预备队——禁卫军投入战役。拿破仑确信继续冲击已徒劳无益，遂放弃已攻占的俄军工事，将军队撤回出发阵地

6. 占领了钝角堡群后，拿破仑将基本兵力转向拉耶夫斯基炮垒方向，集中了 3.5 万人和大约 300 门火炮，对该炮垒实施冲击。法军的几个骑兵军对拉耶夫斯基炮垒发动 3 次冲击。法军付出惨重伤亡代价后于 16 时前攻占了拉耶夫斯基炮垒

9月7日拂晓，拿破仑得到报告：俄国人没有撤退，他们仍留在阵地上。拿破仑得意地说："他们终于落网了。让我们去叩开莫斯科的大门吧！"

他说着冲出营房，疾步奔向设在舍瓦尔季诺山冈一侧的指挥所，下达了向俄军进攻的命令。拿破仑喜欢这种时刻，他一声令下："前进，去夺取胜利！"他的军队在高喊着"皇帝万岁"的声音中发起冲锋

法军的一百多门大炮开始袭击俄军阵地，俄军炮兵当即进行还击

博加尔涅的军队借晨雾的掩护，悄悄地接近了博罗季诺村，并突然发起攻击。守卫在那里的俄军顽强抵抗。但是，法军从西沿新斯摩棱斯克大道推进的同时，博加尔涅派出的另一支队伍渡过沃伊纳河，从北面向俄军发起了进攻

博罗季诺村那里不是主阵地，它只是一个前沿据点，俄军只有一个团守卫在那里。因为那里受到法军两面夹击，俄军虽然奋力反击，一个团有693名官兵阵亡，仍未能顶住法军进攻，只得向科洛恰河对岸撤退。由于来不及毁掉桥梁，法军得以冲过科洛恰河，并进一步深入俄军防御阵地

这时，巴克莱又调来几个团的兵力投入战斗。他们把冲过河来的法军压向河边，并将其大部分歼灭，普洛宗将军也被击毙，残部被逐回河对岸。很快法军数团援军又赶到那里，双方为争夺莫斯科河上的桥梁而展开了激战。海军准尉莱莫托夫指挥的工兵小队在法军火力下，虽有11名阵亡，但仍完成了破坏桥梁的任务

法军渡过莫斯科河后，向大堡垒发起进攻，以支持法军的中部进攻，但在这个坚固的拉耶夫斯基大堡垒内的俄军一次又一次地阻挡了法军的进攻

此次战役主要的战事发生在巴格拉季昂钝角堡群和拉耶夫斯基炮垒附近

凌晨6时许，达武元帅指挥的步兵军(2.5万人，100门火炮)开始向沃龙佐夫的混编掷弹兵师和涅韦罗夫斯基的步兵第27师(8000人和50门火炮)防守的钝角堡群冲击。尽管法军人数超过俄军两倍，炮兵超过一倍，俄军仍然击退了法军的冲击

7时，法军再次发起进攻，攻占了左面的一个钝角堡，但是被俄军以勇猛的反冲击所击退，被逐回。拿破仑随即以内伊军、瑞诺军和缪拉的骑兵加强了达武的军队。巴格拉季昂方面，也将自己的预备队掷弹兵第2师和胸甲骑兵第2师、步兵第7军的部分兵力调至钝角堡群地域，将图奇科夫步兵第3军编成内的科诺夫尼岑的步兵第3师调到谢苗诺夫村

8时，法军对巴格拉季昂钝角堡群发起第三次冲击，攻占了左右两座钝角堡，但是俄军又一次把他们逐出工事

从9—11时，内伊、达武和瑞诺的3个军先后4次对钝角堡群实施冲击，均未奏效。博阿尔奈军于9时30分和11时2次对拉耶夫斯基炮垒实施冲击，均被击退。钝角堡群四周和拉耶夫斯基炮垒附近尸横遍野。但是，法军未能前进一步

12时许，法军开始了对钝角堡群的第八次冲击。拿破仑调动了4.5万人和400门火炮来对付俄国人1.5公里地段上的1.8万人和300门火炮。双方短兵相接，战斗十分激烈。巴格拉季昂在一次反冲击中身负致命重伤。法军付出巨大伤亡代价才占领了钝角堡群

库图佐夫则利用这段时间重新部署了兵力，用第2和第3军加强了俄军的中央和左翼

库图佐夫在查明博罗季诺附近的法军力量确实薄弱之后，命令将步兵第2军、步兵第5军的部分兵力及100门火炮调至左翼，稍后又将奥斯捷尔曼—托尔斯托伊的第4军调往拉耶夫斯基炮垒附近

为彻底突破俄军阵地，拿破仑将基本兵力转向拉耶夫斯基炮垒方向，集中了3.5万人和大约300门火炮，对该炮垒实施冲击

在危急时刻，库图佐夫果断决定：派普拉托夫军和乌瓦罗夫军迂回拿破仑军的左翼，出其不意地向瓦卢耶沃、别祖博沃地域的法军实施攻击。俄军骑兵的突然袭击，迫使法军停止了对第2集团军的冲击并将对拉耶夫斯基炮垒的第三次冲击推迟了2小时，以便抗击俄军的反突击

法军的攻势锐不可当。强壮的骑士身披金属胸甲，骑着高头大马，挥舞着各色战旗，在缪拉的率领下向俄军阵地猛冲过来

法胸甲骑兵不断向俄军冲击，在敌人的攻击下，俄军不断有人倒下，但活着的人仍在用枪和刺刀还击，一直坚持到援军赶来击退胸甲骑兵

双方的激战在持续，法军的力量在战斗中大量消耗，如不投入大量增援部队，是无力取胜的。元帅们一次又一次地请求拿破仑派近卫军投入战斗。内伊元帅派贝利亚尔将军来报告说，俄军后方的莫扎伊斯克已隐约可见，只要再发动一次猛攻，就能彻底解决战斗。缪拉元帅用脑袋担保，只要派近卫军参战，他就能夺取胜利。当俄军只有库尔干纳亚炮垒还在坚守，整个防御阵地岌岌可危的时候，拿破仑断定，以出其不意的猛烈突击彻底打败俄军的时刻来到了。机不可失，时不再来，他把青年近卫军和骑兵预备队投入了战斗

拿破仑最喜欢这种时刻，他爱说的一句简短而有力的话是："近卫军——出击！"随着这一声令下，强大的近卫军步兵以密集的队形从他身旁呼啸而过，向敌人发起攻击。掷弹兵扫除了前进道路上的一切障碍，突破俄军防线，使俄军尸横遍野，胆战心惊。近卫军骑兵风驰电掣般地发动进攻，掀起冲天烟尘，追逐、歼灭敌人

博加尔涅倾其全部兵力，对拉耶夫斯基炮垒发动了最后一次进攻。步兵师从正面进攻，骑兵从两翼和后方进攻。在法军的头两次进攻中，守卫炮垒的第26步兵师被击溃。巴克莱派利哈乔夫率第24师换下了第26师。老将军、师长利哈乔夫，面对蜂拥而上的敌军，向士兵们大声喊道："弟兄们，不要忘了，我们身后就是莫斯科！"在他的鼓舞下，士兵们继续坚持战斗，不断向法军射击，并利用刺刀与敌人搏斗

俄军少数还活着的炮手，操起擦炮的通条打击敌人，利哈乔夫解开衣扣，裸露着胸膛，摇摇摆摆地迎着敌人的刺刀冲上前去。俄军还是没能守住阵地。俄军炮手全部阵亡了，第24师的希尔万斯基团有1400名士兵，幸存者只有92人

法军终于攻占了炮垒，他们为这次进攻也付出了昂贵的代价，仅第9巴黎团就有1116名士兵阵亡。到处都是成堆的俄法两国士兵的尸体。后来法国人写道："博罗季诺成了法国士兵的墓地。"

在攻占了俄军的阵地后，拿破仑准备再对俄军发动一次致命的攻击

几千骑兵卷入了大混战。欧仁亲王为达到突破俄军防线的目的，在棱堡后的高地上集结了所有可动用的骑兵。然后这一队队勇猛的法军士兵向集结在阵地上准备应战的俄军骑兵中队和紧随其后的步兵纵队发起了进攻。很快，俄法两军混战在一起。巴克莱·德·托利一直在战斗最激烈的地方指挥着他的轻骑兵和长矛骑兵冲杀，他的坐骑被击毙，他也险些丧命。正当骑兵混战时，双方的步兵和炮兵也都参加了战斗

参谋长贝蒂耶，几位元帅以及拿破仑身旁的一些人悄悄商量一阵，然后由拿破仑的一个亲信达吕礼貌而坚决地转告皇帝，说大家都以为必须把老近卫军投入战斗才能取胜时，拿破仑默默地听着他的陈述，表情沮丧，显出踌躇不决的样子。达吕仍在反复强调派老近卫军参战的理由，突然，拿破仑脸上显出狂怒的表情，他用低沉的语调狠狠地说：“如果明天继续交战，达吕，你说，还派谁去打仗？在这远离法国的地方，我不能用最后的预备队来冒险！”

然而，科林库尔的骑兵第2军继续扩张战果的企图，却被俄军骑兵第2军和第3军的反突击所粉碎，俄军左翼第2集团军余部在抗击内伊和达武的步兵军及拉图尔—莫布尔的骑兵军的多次猛烈冲击以后，退至谢苗诺夫村以东的第三阵地固守

18时，俄军仍然坚韧不拔地屹立在博罗季诺阵地上。拿破仑无论在哪一个方向上都未能取得决定性的胜利，但又未能下决心把自己最后的预备队——禁卫军投入战役。拿破仑确信继续冲击已徒劳无益，遂放弃已攻占的俄军工事，将军队撤回出发阵地

库图佐夫在向亚历山大一世报告博罗季诺战役结果时说：“26日发生的战事，是当代所有的著名战役中最残酷的一次浴血奋战。我们完全守住了阵地，敌人却逃回原来向我们发起冲击的阵地。”拿破仑军队伤亡5万多人，俄军损失4.4万人

博罗季诺战役对 1812 年卫国战争的整个进程有重大影响。虽然它没有直接引起战争进程的根本性转折，但却标志了拿破仑的所谓“大军”覆灭的开始。俄军在这次战役中重创拿破仑军以后，本来可能立即转入反攻。但是，由于总的战略形势不利，首先是沙皇政府和陆军部无能，没有采取有效措施给作战军队补充新锐兵力、武器、弹药和给养，使俄军无法在博罗季诺战役后立即转入积极的进攻行动。库图佐夫无法补充军队的巨大损失，不能为转入进攻和发展进攻投入预备力量，被迫采取了当时唯一正确的决定，即将军队撤向内地，以便保存军队，积聚力量，然后转入反攻，粉碎侵略者。为巩固军队，组织民团，在敌后开展游击活动，大约花了两个月的时间。在此之后，在库图佐夫统率下的俄军方才开始从俄国境内驱逐敌军

俄军士兵发起冲锋

让拿破仑惊惧的世界上最优秀的骑兵——哥萨克骑兵

14

18 GREAT BATTLES OF CHANGING THE WORLD

拯救美国

——葛底斯堡战役

南北战争时的士兵

由于美国本土除了南北战争外，一直到现在都没发生过战争，弄得美国军事电子游戏产业题材单一化，因此，游戏公司另出奇招，虚构所谓德国进攻美国，玩家不买账；又虚构什么中国登陆美国，进攻华盛顿之类的，玩家更觉搞笑；最后，又搞什么朝鲜海陆空三军发起美国战役，荒唐到连小孩都瞧不起。所以，美国做得最好的电子游戏，还是根植于自己本土的南北战争题材的游戏，既真实，水平也高。

我打过几乎所有美国生产的南北战争电子游戏，10多年来，从南到北，历经南北战争时期的所有“战役”，从“枪林弹雨”“硝烟弥漫”的美国战场走来，也算是一个美国南北战争时期“身经百战”的“老兵”了。特别是“参加”过成为美国南北战争转折点的著名战役——葛底斯堡战役后，作为“老兵”的我，更加深刻理解林肯总统的《葛底斯堡演讲》：

这块土地，我们不能够献出，也不能够令它变得神圣。曾经在这里战斗过的勇士们，仍然活着的和已经死去的，完全不是我们有限的力量所能增添或减少的。全世界并不会注意到，也不会长久记住我们在这里说的话。但是全世界决不会忘记，那些勇士曾经在这里做过的一切。

我通过“亲身经历”感觉到，林肯总统演讲的每一个字，都是由成千上万将士的鲜血凝成的，是天南地北的将士的热血铸造了拯救美国的3天。

1863年的南方与北方

1863年，美国内战依然打得不可开交，双方已经处于僵持之中，但这往往是战争的关键点，谁能在这一时候打破，谁就是赢家。

林肯和戴维斯这两位总统在相邻的两座城市运筹帷幄，华盛顿和里士满相邻只有160公里，而他们的军队都在千里之外搏杀。

双方其实实力并不平衡，述求目标也不一样：北方有2200万人口，控制了大部分工业基地，而南方只有900万人（还有三分之一是奴隶），以农业区为主，按理北方占优。但双方的目标不一样：北方要求停止分裂，南方要回到联邦，而且必须用武力消灭南方。而南方只要求独立，并不是要消灭北方。北方必须进攻，南方必须坚守，战争处于僵局，反而对南方有利。南北双方就是这种力量的博弈，达到此消彼长的僵局。

其实当时的美国内战并没有得到所有人的支持，在许多人看来这都是政治家在“玩”，谁输谁赢都不会改变生活，很多人在坐山观虎斗。在北方，许多年轻人拒绝参军，他们中的一些人由抗议演变成暴乱。北方的反战运动大大激活了南方领导人，南方指挥官罗伯特·李将军将此看成是北方实力在削弱，南方的曙光在即。他计划对北方实行最终的、具有决定性的打击，以结束内战。

李将军的挑战

当时北军主力波托马克军团被南军主力北弗吉尼亚军团阻拦，以至无法直取近在咫尺的南方首都里士满。后来李将军率领北弗吉尼亚军团抄其后路，把北军打得溃不成军，波托马克军团只得

退回北方，里士满终于解除危险。

紧接着，李将军挥师北上，连克北军，拉开了南军最大规模的战略反攻。

李将军兵分三路，绕到北方首都华盛顿北面。李亲率大部队驻扎在卡里斯尔，切断宾州的公路主线，另外两支则分据东西两道，三军成犄角之势，准备会师后南下直取华盛顿。北弗吉尼亚军所向披靡，直打得老对手波托马克军只有招架之功。6 月 30 日，南方军达到了成功的顶峰，准备第二天会师，然后直取华盛顿。李将军要求 7 月 1 日各军在葛底斯堡会师。

葛底斯堡是华盛顿以北一个四通八达的道路交汇处，李将军 7 万多人的部队将在此会师。其实会师大可不必在此，之所以选中这里，是因为一个很滑稽的原因，就是这里有一个鞋厂，而南军士兵很多还是“赤脚大仙”，所以想来这个点取鞋。穿上鞋就可进攻费城，然后向南攻占巴尔的摩，最后拿下华盛顿。

李将军一直认为他的老对手波托马克军团被他远远甩在后面。但他错了，这支大军一直尾随着他，而且先了一步

2 战前负责北军左翼的将领希克勒斯觉得自己驻守的阵地过于低洼，于是自作主张向西移动了半英里，到了一个突出的高地上。希克勒斯倒是十分满意这个新阵地，却没有想到这使北军的防线出现了一个缺口

当南军推进到山岭脚下时，很快就发现了北军防线上的缺口。几个参谋急切要求郎士杰从缺口中迂回到北军后方，居高临下占领大小圆顶，整个北军阵地都将在自己火炮扫射的范围内，大局转眼可定

3 郎士杰还是忠实执行李的命令，1.5 万名南军战士呐喊着冲向了希克勒斯的山头。希克勒斯好不容易找到的新阵地并没有给他带来多少好运，军队被击溃，不得不往回撤退，米德迅速从其他各军抽到了援军，在后方组织了第二道防线，重新把左翼稳固了下来，而在东面，艾威尔的成果也着实有限，连番苦战后只夺得了部分阵地，北军的右翼并没能因此垮掉。李的计划受挫了

4 李仍然不放弃他目前唯一的希望，即从中部突破北军防线。在他们面前，在一整片广阔的“死亡地带”在火炮、机枪、来福枪的多重打击下，没有几个人能活着冲过这片地带。最终，两三百名南军士兵冲入了北军的阵地，但陷入了千万北军的包围之中，残余南军的意志终于完全崩溃，他们纷纷向山下跑，像潮水一样涌来，又像潮水一样退去

1 随着经久不息的呐喊声，南军开始了勇不可当的冲锋。霍华德的第 11 军毫无斗志，溃不成军，乱哄哄地向南逃窜，丧失主将的第 1 军正在鏖战之中，发现第 11 军忽然溃逃，自己的右侧完全暴露在南军的火力之下，也不得不匆匆撤退，两军垂头丧气，逃到了葛底斯堡以南的山岭（日后被命名为“公墓岭”）上布防。出于慎重，南军也并不追击，欢天喜地回到镇上去“穿鞋子”了

北军中部决定性战斗

占领了葛底斯堡，并筑起了防线。

葛底斯堡会战

1863年7月1日，南军前锋到达葛底斯堡，本以为面对的仅是几百个民兵，不料却遭遇了两个骑兵旅的北军。北军也没想到南军会在此会师。因此，南军占有数量优势，北军占据地形优势，双方之战一触即发。

早晨，大炮的轰鸣声打破了寂静。双方部队都冲向前搏杀，经过数小时的激战，南军突破北方防线，迫使北方军退回葛底斯堡镇。这时，北方军赶紧布置第二条防线，这道防线沿公墓山布阵。但李将军并不急于进攻，他在等待更多的南军集结，才会发动进攻。抓住这个机会，北军也在从各地调集兵力增援，9万北方援军到达，南北方的兵力对比，又变得北方有更强的优势。

南军从西翼向北方防线再次发起进攻，使北方防线稍退后了些，但紧接着北方士兵又压上来，南军最终没能控制住这条防线，战斗到太阳落山时才结束。波托马克军团统帅米德召开军官会议，分析确定李将军将于明天再次发动进攻，重点仍是两翼。

果然，7月2日，当太阳升起时，南军130多门大炮瞄向北军两翼防线，随着早晨一过，天气渐变炎热，下午13时，南军大炮开火，一波接着一波地在公墓山两侧开花，仅几分钟内，就有成百上千的士兵被炸死。公墓山上的北方军以炮火对南军予以还击，又造成对方许多人倒地，大家都在祈祷，最终炮火停息，硝烟渐渐散去，空气变得清新。

现在北军终于可以看到对面的山谷，只见南方军肩并肩地向前走，在士兵阵列后面是炮阵，在阳光的照射下发出刺眼的光。南方军的军旗在猎猎招展，这种阵势，与其说是进攻，不如说是阅兵。北方军不断地喊："他们来了！叛军来了！"

北方军的大炮又一次发动，成片成片的南方士兵倒下，未倒下的仍继续前进，把进攻的焦点集中在"小圆顶"上，不断向前的南军士兵把小圆顶包围，并立即对顶峰发起攻击。经2小时的激战，北军三分之一的人已丧命，剩下的也大都带伤，加上弹药耗尽，几乎没有坚守的可能。此时坚守山顶的北军20旅旅

长张伯伦，这位一年前还是大学中的修辞学教授的将军，这时以诗人般的浪漫激情大喊一声："上刺刀"！几百名战士悲壮地把刺刀安在已没有一颗子弹的来福枪上，然后从山头冲下。这下南军傻眼了，"北佬们"居然还有这样的。不少人转身就跑，另一些人没反应过来刺刀已顶在他胸前，只有投降了，南军最后一次进攻被打退了。

北军坚守住了小圆顶，也避免了整条战线的崩溃。战后，张伯伦荣升少将。

到 7 月 3 日，李将军决定豁出去了，集中攻击北军的中部，他将 3 支残军集中起来，共约 1.5 万人向北军中部防线发起冲锋，并要求他们穿过 1.2 公里距离的"死亡地带"。双方炮战 2 小时后，下午 15 时，南军分为两个梯队，组成 1 英里宽的人墙，在呐喊声中，狂涛般地向南军公墓岭涌来，突然北军阵地100门火炮重新轰鸣。山岭下的平原，出现一排排光点，每个光点都有一大堆人倒下，但是勇敢的南军士兵仍继续冲锋。当冲到离北军阵地数百米时，战壕里的士兵开始开火，随着一批批南军战士前赴后继地倒下又前进，最后 300 多名南军士兵突破防线，冲进敌阵地，但由于没有后援跟上，数百士兵被上千北军包围，像秋风扫落叶一样，被北军一扫而光。

眼前这一幕，让残余南军士兵战斗意志完全崩溃，他们拼命往山下跑，但能回到自己阵地的不到一半，整个"死亡地带"密密麻麻布满倒下的南军士兵约七八千人。

败局已定了，李将军如梦初醒，看着败退下来的士兵，赶紧命令残余南军组成防线，以防北军反攻。

出乎意料，北军并没有反攻，李将军如获大赦，立即命令南军撤退。北弗吉尼亚军开始日夜兼程地向南方逃跑。这场轰轰烈烈的南军战略大反攻，因葛底斯堡之战的惨败而结束。

心灰意冷的李将军向戴维斯提出辞呈，被戴维斯拒绝。战争再进行两年，南方已缓缓走向了它的末日。在战争结束的那一天，"刺刀拯救合众国"的勇士张伯伦将军，代表北军统帅格兰特，接受了南方的投降。

美国本土从那时至今天再也没有战争。

德意志帝国的崛起之战

——普法色当会战

希特勒是某种意义上的天才。他干任何一件事，都要和历史相连续，明明是自己搞的帝国，却偏要说是历史继承下来的“第三帝国”,他宣称“第一帝国”是神圣罗马帝国,时间有点远，中间又隔开过，连接起来较勉强。“第二帝国”是德意志帝国1871年的色当战争后，1月18日，在代表法兰西光荣与辉煌的凡尔赛宫里，普鲁士国王威廉一世加冕为德意志帝国皇帝，宣布德意志帝国成立。这个帝国确实和第三帝国血脉相连。

1871年的色当战争，普鲁士人确实很厉害，让法国人死伤9000人，10万大军成了俘虏,包括法国皇帝“战神”拿破仑的侄子，此拿破仑被客气地“请”到普鲁士的夏宫永远“做客”去了，直至客死他乡。

因此希特勒设计第二次色当战争时，让纳粹德军沿着他们的爷爷当年攻打法国的路线，越过阿登山脉，把色当作为敲开法国大门的第一步。让他们重温普法色当战役时，普鲁士人的辉煌历史。

普军配备了先进的后膛步枪和野战炮，杀伤力大为提高。经过普奥战争的实战考验，普军对自身的能力已经有了充分的信心

普鲁士开始了一系列军事改革，其中最重要的是利用铁路运输军队，可以以远超过传统的速度实现兵力集结和运动

千年睡狮崛起

公元870年，查里曼大帝的两个孙子——东法兰克王路易和西法兰克王查理，签订了《梅尔森条约》，彻底瓜分了横躺在两国间的罗塔尔王国北部，从此德意志和法兰西两大民族对峙和争霸格局由此产生，它奠定了以后西欧的政治版图。

在870~1870这一千年里，上帝始终宠爱在莱茵河西岸的统一、富裕、强大的法兰西，它是欧洲政治、经济和文化的中心。而另一边的德意志，诸侯林立，虽然也拼凑出一个有名无实的“神圣罗马帝国”，但只是昙花一现。因此，贫穷、积弱、分离的德意志人似乎明白了一个道理：只有统一，才能像法兰西一样的富强，甚至超越法兰西。

随着时间的推移，德意志的统一已具规模。到了19世纪，它由30多个邦国组成了松散的联邦，真正强大的邦国只有普鲁士和奥地利，只要两国合二为一，德意志的统一梦立马能实现。

还是老天有眼，把两个天才男人安排到一起完成统一大业。1860年，普

鲁士王威廉一世让俾斯麦和毛奇这对文武双雄，一个出任首相，一个出任军队总参谋长，他们进行了一系列大刀阔斧的改革，让普鲁士焕发了生机。1866年普奥战争再次爆发，新生的普鲁士一举收拾了老朽的奥地利，统一的德意志旋即产生。这下德意志可以腾出手来，收拾它的宿敌——法兰西，确切说，目标对象就是拿破仑三世统治下的法兰西第二帝国。

就这样，在历史宿命的引导下，《梅尔森条约》签订了整整一千年之后，1870年，德意志和法兰西终于可以在莱茵河畔大干一场。

第一集团军
第二集团军
第三集团军
萨尔布吕肯
斯皮歇王
维尔特
巴赞
麦克马洪
斯皮歇王
8月6日，两次大规模会战同时在北方的斯皮歇王和南方的维尔特爆发
在斯皮歇王、斯坦米兹的一支先锋部队气势汹汹地扑向法军
维尔特
腓特烈.查尔斯王（指挥第二集团军）：这个愚蠢的人导致了战争的进程大大延长
在维尔特，普第三集团军和麦克马洪的第一军发生了意外冲突，并很快演变成一场大战，普鲁士人付出了极为惨重的代价，才以优势兵力迫使法军撤退，攻陷了两地
斯坦米兹将军（指挥普第一集团军）：我的战术只有一条就是，进攻！进攻！再进攻！夺回萨尔布吕肯，以血耻辱！
普第二集团军士兵：
你们第一集团军干吗和我们挤在一块，真是乱弹琴！
阁下，你对局势的态度？
我们严守中立
本来答应与法国结盟、厉兵秣马的奥地利和丹麦等国看到法军败退，即时转了口风，法国期待的联合出兵化为泡影

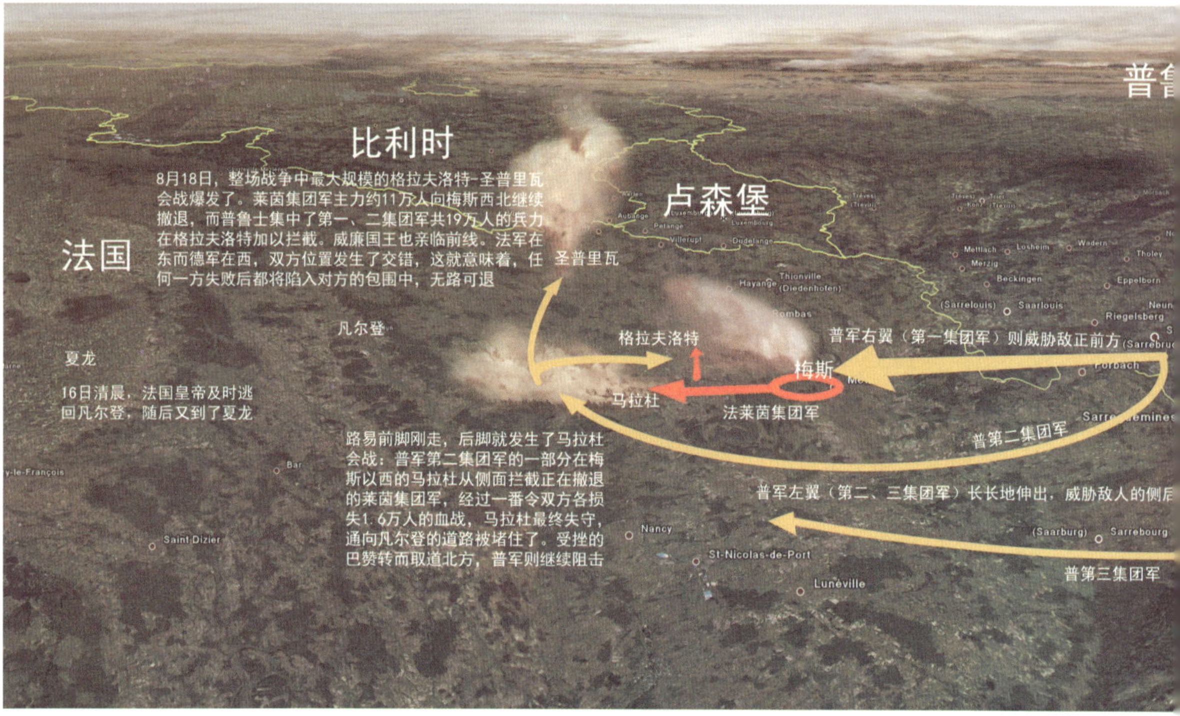

比利时

卢森堡

法国

8月18日，整场战争中最大规模的格拉夫洛特-圣普里瓦会战爆发了。莱茵集团军主力约11万人向梅斯西北继续撤退，而普鲁士集中了第一、二集团军共19万人的兵力在格拉夫洛特加以拦截。威廉国王也亲临前线。法军在东而德军在西，双方位置发生了交错，这就意味着，任何一方失败后都将陷入对方的包围中，无路可退

圣普里瓦

格拉夫洛特

梅斯

马拉杜

法莱茵集团军

凡尔登

夏龙

16日清晨，法国皇帝及时逃回凡尔登，随后又到了夏龙

路易前脚刚走，后脚就发生了马拉杜会战：普军第二集团军的一部分在梅斯以西的马拉杜从侧面拦截正在撤退的莱茵集团军，经过一番令双方各损失1.6万人的血战，马拉杜最终失守，通向凡尔登的道路被堵住了。受挫的巴赞转而取道北方，普军则继续阻击

普军右翼（第一集团军）则威胁敌正前方

普第二集团军

普军左翼（第二、三集团军）长长地伸出，威胁敌人的侧后

普第三集团军

斯坦米兹:
冲!只要还活着

ünd)
(Hagenau) Haguenau
(Zabern)
Bischwiller
Rheinau
Hoenheim
(Strasburgo)
(Straatsburg)
Kehl
Illkirch-Graffenstaden

虽然普军占有很大的数量优势，然而狂躁的斯坦米兹又错误估计了形势，毫无策略地猛攻法军中坚

法军的武器优势显现出来，首攻不到20分钟，
就让8000名普兵倒在了血泊之中

斯坦米兹大怒之下，发动了一次又一次进攻的狂潮，
然而却总是在法军的坚固阵型下败下阵来，白白扔
下漫山遍野的尸体

法军参谋长:
我们是否发动反攻?

巴赞:
让我考虑一下

到了下午，前线普军全面崩溃，成千上万名士兵像
退潮一样向回逃窜，普军后方大乱，威廉国王被人
流裹挟着，差点无法脱身

次日早上
毛奇:
圣普利瓦已被攻占，莱茵
集团军由此退回到了梅斯
要塞，形势一片大好

威廉:
好!立即将梅
斯包围起来

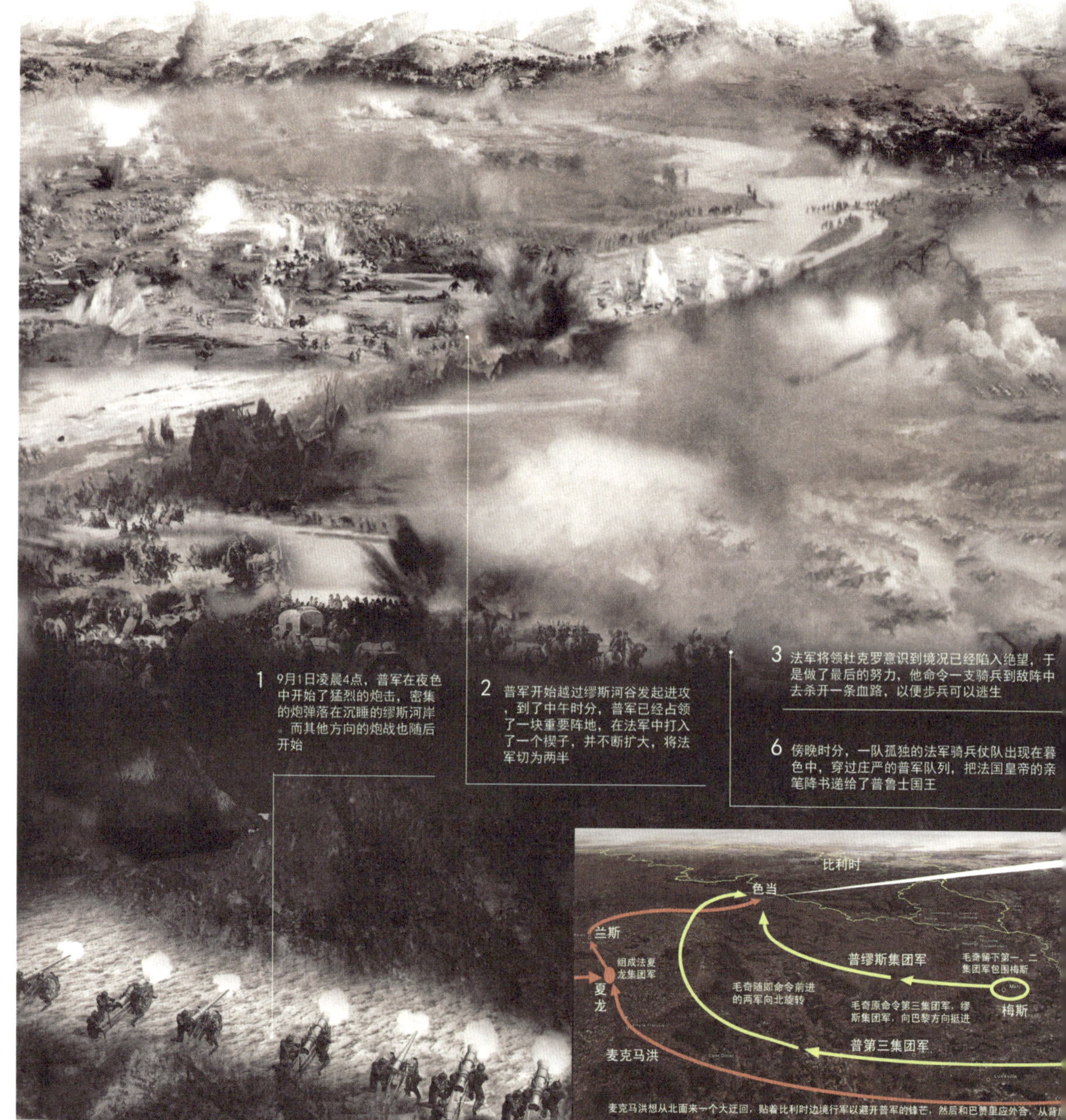

1 9月1日凌晨4点，普军在夜色中开始了猛烈的炮击，密集的炮弹落在沉睡的缪斯河岸。而其他方向的炮战也随后开始
2 普军开始越过缪斯河谷发起进攻，到了中午时分，普军已经占领了一块重要阵地，在法军中打入了一个楔子，并不断扩大，将法军切为两半
3 法军将领杜克罗意识到境况已经陷入绝望，于是做了最后的努力，他命令一支骑兵到敌阵中去杀开一条血路，以便步兵可以逃生
6 傍晚时分，一队孤独的法军骑兵仪仗队出现在暮色中，穿过庄严的普军队列，把法国皇帝的亲笔降书递给了普鲁士国王
比利时
色当
兰斯
组成法夏龙集团军
夏龙
普缪斯集团军
毛奇留下第一、二集团军包围梅斯
毛奇随即命令前进的两军向北旋转
毛奇原命令第三集团军，缪斯集团军，向巴黎方向挺进
梅斯
普第三集团军
麦克马洪
麦克马洪想从北面来一个大迂回，贴着比利时边境行军以避开普军的锋芒，然后和巴赞里应外合，从背

威廉看到自己的军队从四周逐渐向中央回旋，700 门大炮轰击着中央的法军阵地，炮火组成了一个巨大而绚丽的圆环，簇拥着中央的城堡。威廉似乎看到，这个在硝烟与尘土中闪烁的光环变成了德意志帝国的皇冠，缓缓地落在自己的头上

4 面对普军严阵以待的枪林弹雨，无数法军骑兵倒在血泊之中，即使少量冲到德军阵地，也很快被消灭。这样近乎送死的冲锋重复了3次

5 温普芬还不服输，他孤注一掷拼凑1 200人和2门火炮，打算突围。结果很快被普军的优秀火力打散，狼狈地逃了回来

在远处山头上观战的普王威廉也不由赞叹：“啊！勇敢的人！”

1871年1月18日，普王威廉一世加冕为德意志帝国皇帝。德意志终于统一在一面旗帜之下
德意志帝国
柏林
法兰克福
洛林
阿尔萨斯
1870年，色当的炮声震惊世界，这炮声埋葬了拿破仑时代，宣告了德意志帝国的崛起，也擂响了世界大战的第一声战鼓
色当会战后，法国的阿尔萨斯和洛林划给了德国

16

18 GREAT BATTLES OF CHANGING
THE WORLD

东亚大决战

——中日黄海大战

1891年6月28日，丁汝昌率领北洋舰队抵达日本马关访问，在日本引发“强烈地震”。7月16日丁汝昌在泊于横滨港内的定远旗舰上举行招待会，邀请了包括国会议员和记者在内的日本各界人士出席。这艘被日军称为“东洋巨擘”的战舰长94.5米，宽18米，全身密布装甲，排水量7335吨，装备305毫米远炮4门、150毫米口径炮2门、其他口径火炮16门，如同海上浮动的炮台。此时的北洋海军以定远、镇远、靖远、经远、来远、济远等7艘2000吨以上的主力战舰为支柱，拥有多类战舰25艘，总排水量4.12万吨，大炮250余门，另有炮舰6艘、鱼雷舰12艘。主力战舰均购自英德两国，其技术性能和质量都属于当时世界先进水准。这时的北洋海军，无论从规模还是实力，堪称亚洲第一流舰队。

虽然这已是北洋舰队第二次来访（第一次是1886年），却引发了日本朝野的巨大震动。此后，日本政府把建设一支足以对付北洋舰队的海军作为其“最高命令”。

1892年，伊藤博文组阁，公布建

造10万吨军舰计划。1893年，日本天皇发布敕谕：此后6年每年从国库中拨30万日元，各大臣、长官、议员也纷纷从薪俸中拿出十分之一用作造舰经费。到甲午战争前，日本海军已拥有大小军舰31艘、鱼雷舰24艘，排水量6万余吨，实力迅速赶超清朝海军。

1894年春，朝鲜发生农民起义，朝鲜向中国发出乞援书，请清军入朝。日本也趁机出兵朝鲜。7月25日在朝鲜半岛海域袭击中国海军，不宣而战，中日甲午战争爆发。这场战争改写了中日两国的历史命运，对整个亚洲局势转变产生深刻影响。黄海海战让中国刚刚起步的现代海军夭折，对中国人来说是永远挥之不去的心痛。中日黄海大战之后，中国北洋水师被重创，中国的制造业一蹶不振，一直衰落至1945年。

中日黄海大战之后，日本海军重创北洋舰队，进而大胜俄国远东舰队，日本海军为世界所瞩目，成为一支一流的海军。伴随着海军的发展，制造业的水准也达到了世界最高点，日本也跻身于世界列强之林。

中国因内忧外患，搞起了洋务运动，一开始也轰轰烈烈，但在中日黄海大战之后，就国运衰微，时间长达半个世纪。

日本的明治维新是受美国海军的影响，日本海军的扩张也时时处处和美国海军攀比，最大的敌人也是美国海军；甚至，很多人不知道，日本海军曾经有可能在和北洋水师交手以前就和美国海军打上一架；日本最辉煌的胜利是打击美国海军，然而，也是美国海军把日本近代海军彻底变成了一个只在字典上出现的过去式名词。

日本在中日黄海大战后，制造业突飞猛进地发展，甚至可以用“疯狂”来形容，它的军舰设计与制造是相当有创意的，它能吸取和创新一切当时舰艇制造的最新技术，产生了不少“首创”，如正规的航母制造来自于日本，战列舰的超级舰桥设计也来自于日本。日本的所有战舰不用标注，都有自己独特的设计外表。尽管旧日本军舰成了残骸，但日本制造业的基因都原封不动地保留下来。如果研究日本社会，会发现日本海军直接关联着日本战后的复苏。

这，就是海军的力量。

1894 年 7 月 25 日清晨 4 时，济远、广乙护送陆军登陆朝鲜完毕后回府，至丰岛水域时与日本海军的吉野、秋津洲、浪速 3 艘实力强劲的穹甲巡洋舰相遇

7 时 45 分，日本军舰吉野不宣而战，首先开火，济远舰立即发炮还击，打响了黄海海战第一仗——丰岛海战

8 时 10 分至 8 时 30 分，济远舰舰尾 150 炮 3 次间接命中尾随的吉野舰后，吉野受我炮击小有损伤，转舵径去

主炮炮罩接连被击中，破片在闷罐式的炮罩内四处飞散、反弹，在炮台内督战的枪炮二副柯建章胸部中弹牺牲。整个前主炮台内官兵死伤枕藉，竟至火炮无法转动

济远主炮多次命中日舰

桅盘上的水兵在用机关炮从
高处扫射日本军舰舱面

飞桥之上的司令塔被弹片击中，
在司令塔内指挥作战的大副沈
寿昌头部被击中，当场牺牲

日舰浪速驶来，
合力夹击广乙
紧随济远之后的广乙采取了抵近发射鱼雷的战术，冒着日方猛烈
的炮火，从侧后高速逼近至距日舰秋津洲号600米处。但在日舰的
密集炮火下，广乙飞桥中弹，继而被击毁一具鱼雷发射管

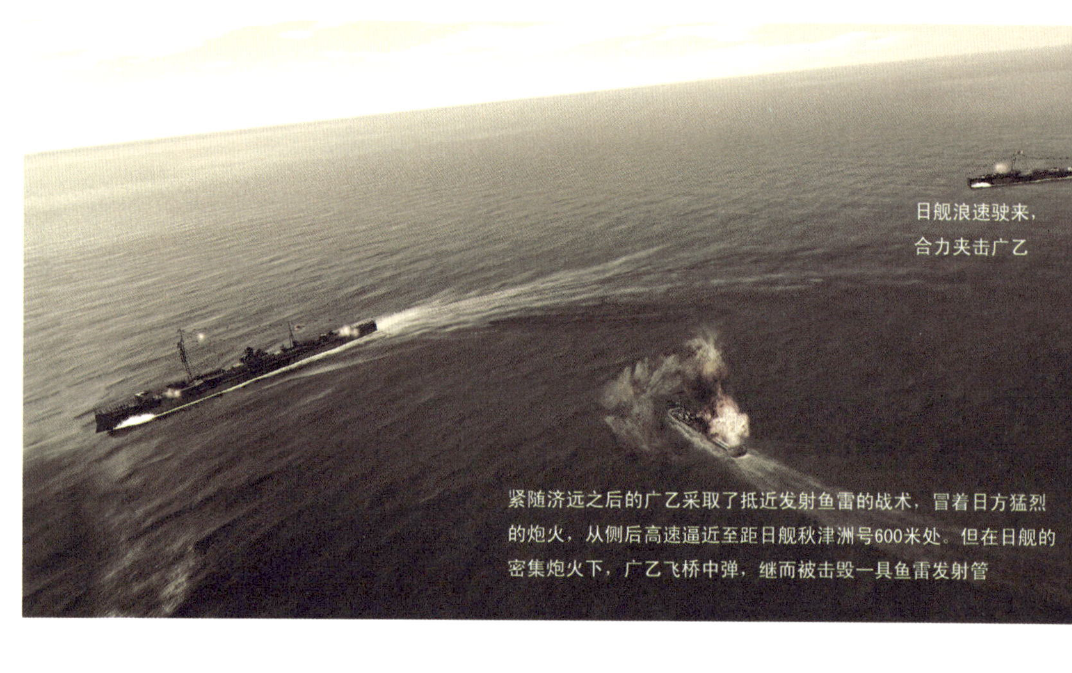

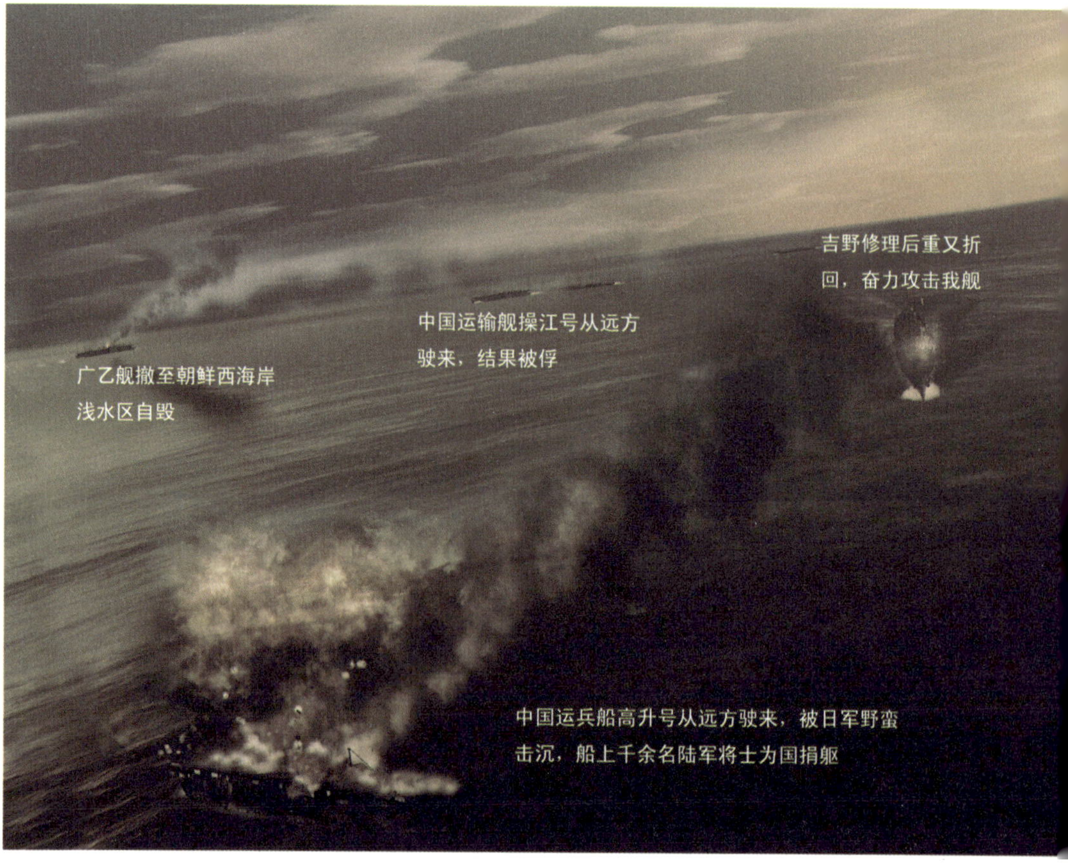
吉野修理后重又折
回，奋力攻击我舰
中国运输舰操江号从远方
驶来，结果被俘
广乙舰撤至朝鲜西海岸
浅水区自毁
中国运兵船高升号从远方驶来，被日军野蛮
击沉，船上千余名陆军将士为国捐躯

在日方两艘新式大型穹甲巡洋舰毁灭性的炮火攻击下，广乙舰遭受重创，死伤70余人，几乎占了全舰编制的一半。广乙遂退出战场，最后在朝鲜西海岸十八家岛抢滩搁浅，为免遗舰资敌，管带林男祥下令凿穿锅炉，引爆弹药舱自沉

济远的桅杆上升起一面白旗，随即竟又升起一面日本海军旗，随后高速驶去

大连
旅顺
北洋舰队集结地
日本舰队集结地
威海卫
交战区

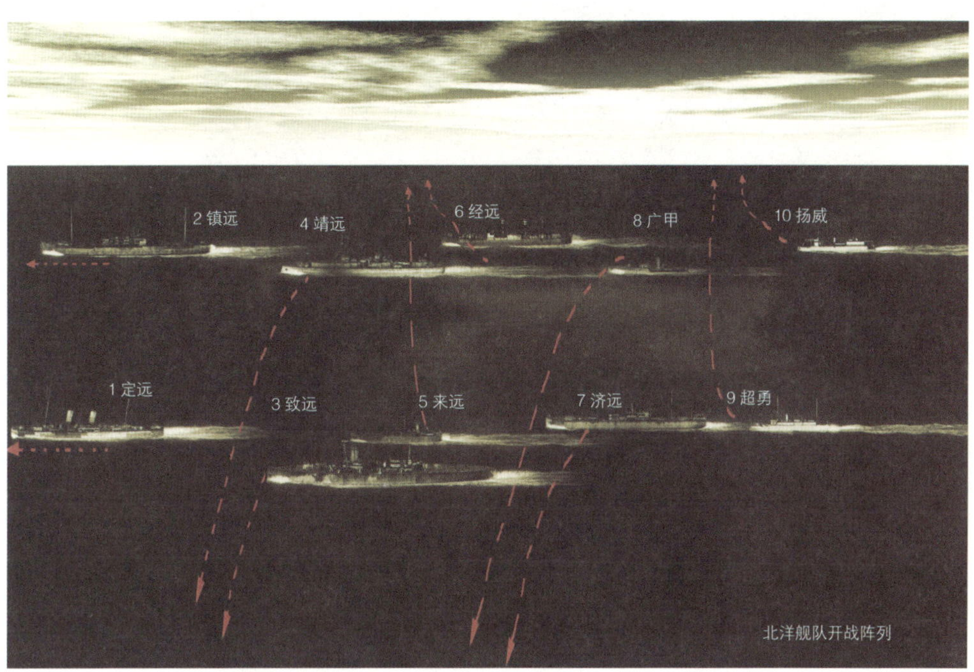

北洋舰队开战阵列

12时50分，在两军距离6 000米时，中国旗舰定远右侧主炮台的305毫米巨炮发出一声怒吼，向正在通过北洋海军阵前的日舰发起攻击，闻名中外的黄海海战就此打响

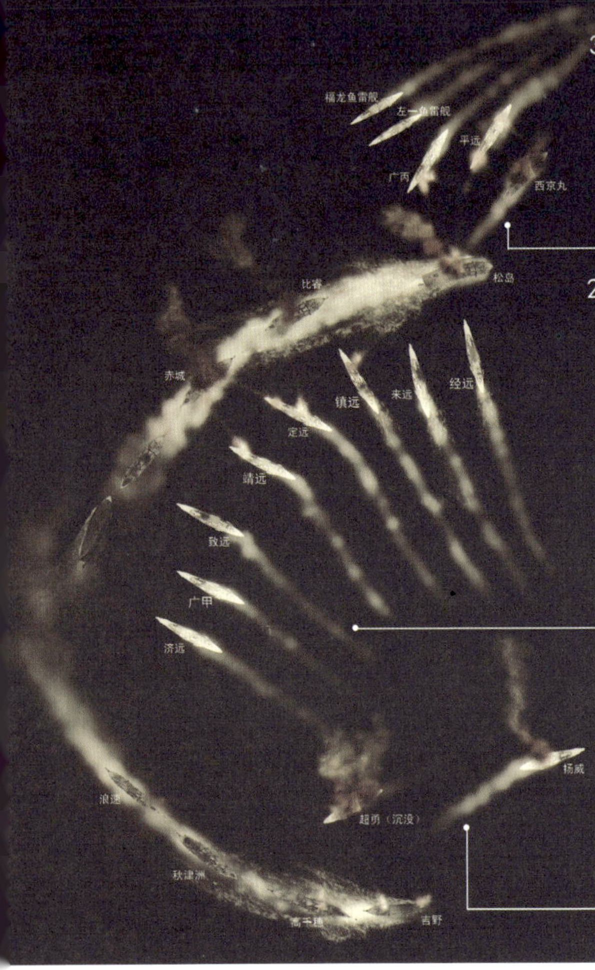

3 当日舰比睿、赤城刚出战区，西京丸的右舷随即暴露在北洋舰队前方，立即遭到平远、广丙等北洋舰队各舰炮火的猛烈轰击。14时55分，鱼雷艇福龙见西京丸受伤，便驶近放鱼雷。因两舰距离很近，鱼雷从舰下穿过，未能触发，西京丸得以保全，向南驶离战场。平远、广丙又转而攻击日舰本队，并击中松岛的中央水雷室，松岛也发炮还击，炸毁平远的26公分主炮，平远见势不敌，转舵驶避，广丙也随后驶离

2 在第一游击队开始炮击超勇、扬威的同时，以旗舰松岛为首的日舰本队也到达定远舰的正前方，松岛成了北洋舰队的炮火集中打击的目标，松岛见定、镇两舰炮火强大，急忙率本队转舵向左，加速驶避。北洋舰队抓住时机发动猛攻，各舰以右翼炮轰击后面的3舰。13时04分，松岛的7号炮位被定远击毁，而比睿已被靖远赶上，相距仅700米。比睿立即遭到北洋舰队的包围，顷刻间，烈火腾空，舰艇失去战斗力。13时55分，比睿逃出北洋舰队的炮火网，并挂出“本舰火灾退出战列”的信号，向南驶离。位于本队左侧的赤城舰孤立无助，完全暴露在北洋舰队左翼的炮火下，中弹累累。正在看海图的坂元舰长被弹片击中头部战死，舰上军官几乎非死即伤，到下午14时30分，赤城总算逃离作战海域

1 海战打响后，日舰第一游击队见北洋舰队来势凶猛，所以一面发炮一面加速从定远、镇远两舰前面夺路而行，直扑北洋舰队的薄弱右翼超勇、扬威两舰。吉野、高千穗、秋津洲和浪速4舰集中火力猛攻，超勇和扬威竭力抗击，到14时23分，超勇沉没在海水中。扬威也受重创，不得不驶离战场

5分钟后，由吉野、高千穗、秋津洲、浪速组成的日方第一游击队，利用其舰龄短、航速高的特点，高速运行到中国舰队右翼。两军距离3000米时，吉野上的速射炮猛烈开火，随后3舰也开始射击，弹雨向超勇、扬威倾泻而来

北洋舰队雁阵打击日舰松岛、比睿、赤城、西京丸号

13 时 20 分，一颗敌弹射入早已创伤累累的超勇舰舱，引发大火，全舰顿时被浓烟笼罩。超勇逐渐向右倾斜，但“犹以前部炮火发射不停”，最终于 14 时 23 分沉没于黄海的怒涛中。管带黄建勋落水后拒绝救援，随舰同沉。

13时08分，超勇、扬威击中吉野舰的后甲板，引爆了露天堆放的弹药，吉野顿时冒起浓烟。几乎同时，高千穗、秋津洲也先后被击中受伤，紧接着浪速也被命中。然而十余年前的世界名舰超勇、扬威终究敌不过1894年的世界名舰

浓烟滚滚的扬威最终选择驶离战场，拼命向大鹿附近的浅水区驶去。中国海军将士们都知道，因为日本军舰吃水普遍较深，浅水区就成了中国海军天然的避风港，进了那里就意味着有生的希望

13 时 04 分，定远命中日军旗舰松岛，摧毁其 7 号炮位

日本本队后序的比睿号由于航速缓慢，眼看中国军舰逼近自己的舷侧，为躲避撞角攻击，竟然掉转航向，迎着北洋舰队的方向直冲定远与经远之间的巷道，舰上的小机关炮疯狂压制经远舰舱面，经远始终未能靠上去，比睿侥幸逃脱了险境

经远曾用尾部和中部鱼雷管向比睿发射了2枚14英寸鱼雷，这是中国海军史上第一次将鱼雷应用于实战的战例

13 时 10 分日本舰队本队

松岛等新型军舰为躲避定远级铁甲舰的猛烈炮火，高速航向北洋海军阵形右侧

扶桑等 4 艘老式军舰航速慢，被从大队分割出来

定远、镇远、经远、来远集中打击扶桑等 4 艘老式日舰

经远舰上水兵和海军陆战队手持毛瑟枪和佩刀在甲板集结，准备俘虏已被重创的这艘日本军舰

13时25分，定远舰尾150毫米火炮命中日本军舰赤城，舰长阪元八郎太当场毙命

14时20分，赤城舰尾120毫米火炮击中来远后甲板堆积在那里的小口径火炮炮弹，燃起灾难性大火。而此时日本第一游击队吉野等新锐巡洋舰赶来支援，来远被迫停止追击

15时5分，双方逼近至400米距离，福龙艇首侧鱼雷管发射一枚鱼雷，西京丸舰面对这恐怖的武器，作出了令人难以想象的疯狂处置，竟然调整航向，对着鱼雷迎面高速驶来。结果在最后的一刻，船头犁开的浪花使鱼雷改向，从西京丸左舷掠过

15时10分，旗舰定远舰首中弹燃起大火，浓烟遮蔽了整个军舰前部，为保护身处险境的定远，左翼的致远舰毅然冲出阵列，用没有装甲防护的身躯为旗舰抵挡炮火。最后定远转危为安

这只独角兽在离自己的敌人几百米的距离上骄傲地沉没了

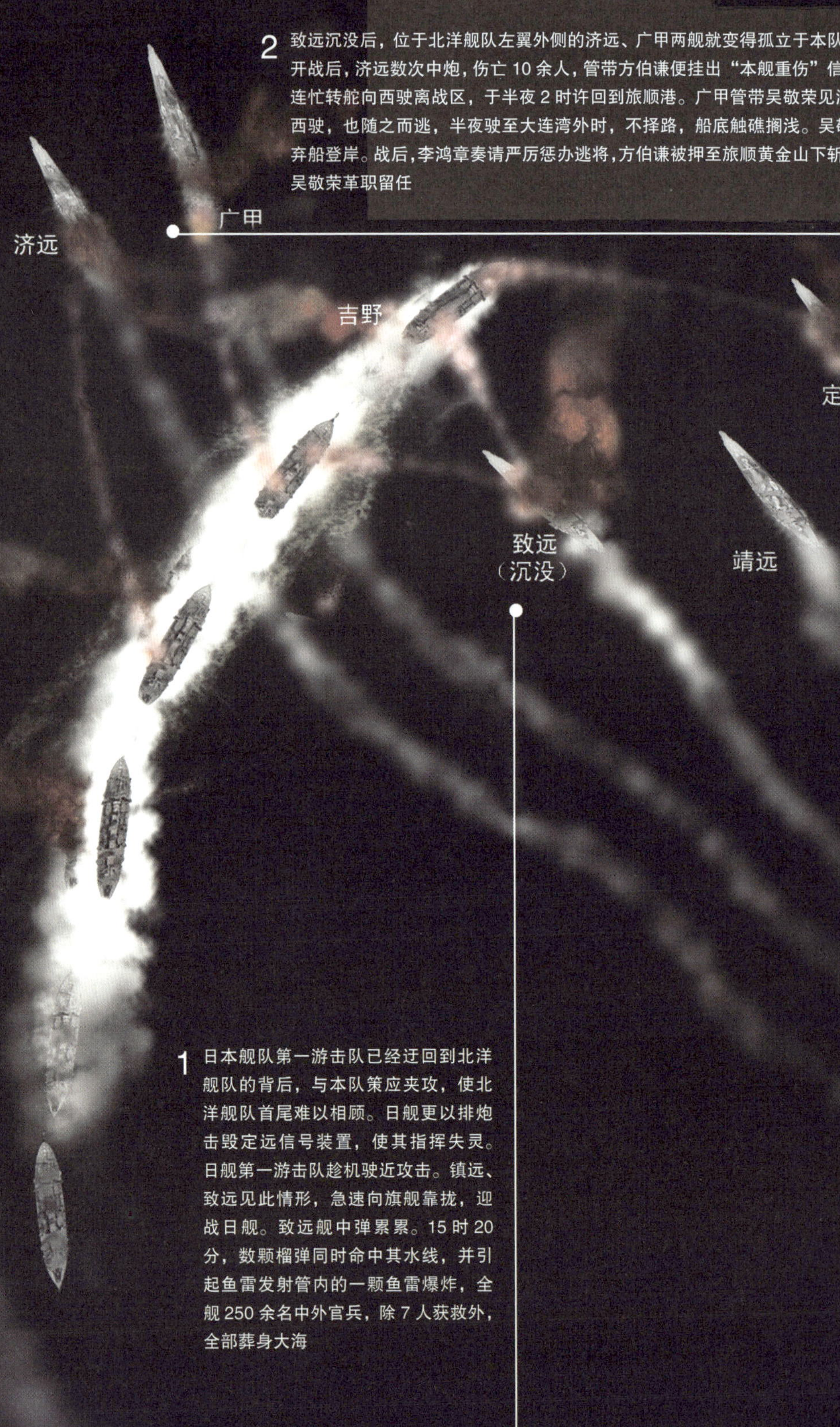

2 致远沉没后，位于北洋舰队左翼外侧的济远、广甲两舰就变得孤立于本队
开战后，济远数次中炮，伤亡 10 余人，管带方伯谦便挂出“本舰重伤”信
连忙转舵向西驶离战区，于半夜 2 时许回到旅顺港。广甲管带吴敬荣见济
西驶，也随之而逃，半夜驶至大连湾外时，不择路，船底触礁搁浅。吴敬
弃船登岸。战后，李鸿章奏请严厉惩办逃将，方伯谦被押至旅顺黄金山下斩
吴敬荣革职留任
广甲
济远
吉野
致远（沉没）
靖远
1 日本舰队第一游击队已经迂回到北洋舰队的背后，与本队策应夹攻，使北洋舰队首尾难以相顾。日舰更以排炮击毁定远信号装置，使其指挥失灵。日舰第一游击队趁机驶近攻击。镇远、致远见此情形，急速向旗舰靠拢，迎战日舰。致远舰中弹累累。15 时 20 分，数颗榴弹同时命中其水线，并引起鱼雷发射管内的一颗鱼雷爆炸，全舰 250 余名中外官兵，除 7 人获救外，全部葬身大海

3 济远、广甲逃离后，敌舰死死咬住经远一舰，四面围敌。经远以一抵四，并无畏惧。最后，4 艘日舰逼近到 2000 米以内，用速射炮实施近距离打击，终于将经远击沉。全舰 270 余人中，除 16 人获救生还外，其余全部遇难

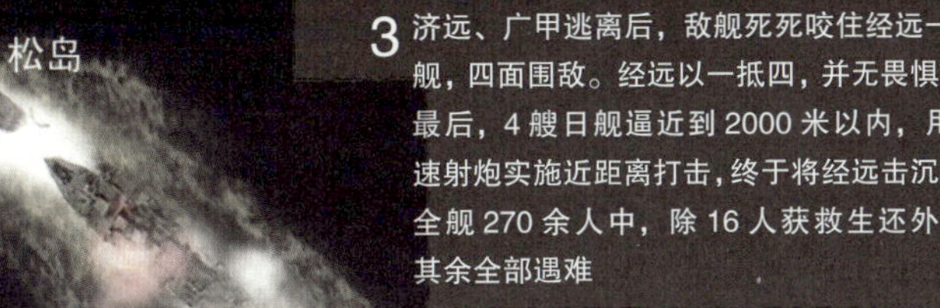

1894 年 9 月 17 日，致远舰激战 5 小时弹尽受创后，舰长邓世昌欲冲撞日舰吉野与之同归于尽，结果被鱼雷击中，锅炉爆炸而沉没，同舰官兵 246 人同殉职

致远舰部分官兵：双手合抱者即为舰长邓世昌，右立之洋人为他的轮机长（英国人）purvis，两人皆于黄海海战中殉职

在致远舰沉没于海之际。方伯谦指挥的济远舰调转舰首，竟然开始往回撤逃，随后一发不可收拾，相邻的广甲有例可循，也跟着济远一起撤逃

慌不择路的济远竟将被日舰重创，正在努力向浅水区驶避自救的扬威舰拦腰撞中，水下锋利如刀的撞角，刺入友舰的身躯。相撞后，济远未做任何的补救措施，反而迅速逃离战场。扬威舰在撞击后迅速沉没

15 时 30 分，镇远 305 毫米巨炮命中日本旗舰松岛，引发大爆炸，日方死伤近 100 人，松岛舰丧失战斗力

来远舰尾燃起大火，火势一直蔓延到了锅炉舱附近。驾驶二副谢葆璋等（冰心父亲）率领全舰官兵奋力救火。为防止上甲板的火灾引向底舱，来远舰上通风管的上部被紧急拆除，以致锅炉舱被大火包围而不能通风，温度上升至摄氏 90 度，俨然地狱，谢葆璋亲自督率与靖远结队驶至浅水区自救

随着致远沉没，济远、广甲两舰先后逃离战场，北洋海军左翼彻底崩溃。原先与致远组队作战的经远遭到重创，孤军奋战的经远被迫向浅水区撤退自救。尾随而来的日本第一游击队4艘装备大量速射炮的新式巡洋舰，随即对经远展开围攻

经远被当时世界最新式的4艘穹甲巡洋舰集中打击，最终因中弹过多，舰体进水不止，17时29分翻沉，全舰200多名官兵大多没有生还

致远沉没后不久，同样已经重伤的靖远与来远脱离战场，驶至大鹿岛附近，背倚浅水灭火自救。17 时之后，两舰草草修理后重新返回战场，在大副刘冠雄建议下，靖远的桅杆上升起指挥旗，接替失去信号装置的定远指挥舰队，整队再战。日本联合舰队因为天色已晚，自己军舰上的弹药也所剩不多，于是转舵向西南方，首先撤离了战场

17

18 GREAT BATTLES OF CHANGING
THE WORLD

日本的东亚崛起

——日俄旅顺口之战

有一个强盗突然闯进你的住房，把你的卧室强行霸占，让你去客厅当了“厅长”。这时又一个强盗闯入，要跟眼前的强盗争夺这间卧室，打得不可开交。这时候，被逼到客厅的主人，却当起了“公正”的裁判，保持中立，不偏袒一方。还在“被打输”的一方赔钱时，亲手帮“胜利方”点钱，然后一分不少地“庄重”交给“胜利方”，嘱咐“胜利方”要好好休息，注意身体，然后“公正”地离开自己睡了多年的卧室，继续到客厅当“厅长”了。

这，只能是傻佬才干的事情。

但，1904 年的中国，就是这个傻佬！那两个强盗，一个是俄国，一个是日本。

8 8月19日黎明，日本第3军向旅顺要塞发起第一次进攻。俄军拼死抵抗。面对俄军的坚固工事和强大火力，乃木决定采取“肉弹进攻”战术，命令士兵以密集队形反复冲锋

9 11月26日，日军对旅顺组织第四次进攻，战斗异常激烈。刚开始的两天，乃木仍然集中主力部队攻打东线的松树山堡垒和东鸡冠山炮台，死伤惨重，苦战不下，后其终于改变策略，倾5万兵力进攻西线的203高地。经过七昼夜鏖战，日军以伤亡1.6万人的代价，于12月5日占领了203高地。在占领这个制高点之前，日军炮兵对旅顺港内的俄国军舰只能“盲打”

10 12月29和31日，日军先后攻占了旅顺东北的二龙山和松树林等炮台。1905年1月2日，旅顺俄军与日方正式签订了投降书，日军占领了旅顺

1 2月8日，东乡平八郎海军大将指挥日本联合舰队在暗夜中悄悄逼近，突然发动偷袭，重创俄军战列舰列特维赞号、太子号和巡洋舰智神号，揭开了战争的序幕

大连湾

俄军水雷区

金州

俄军5月26日前金州防线

日军乃木希典大将第3军

俄军6月26日前山垭口防线

俄军水雷区

大连湾

防线

日军乃木希典大将第3军

大连

俄军水雷区

5　5月底，日军又占领大连湾，获得了新的补给基地

6　占领金州、大连之后，日第2军向旅顺挺进。俄国驻旅顺口要塞陆防司令康特拉琴柯少将指挥俄军顽强抵抗，加上俄军占据的有利地形，日军攻势受阻。日军大本营命令第2军北上作战，另编成陆军第3军，由乃木希典大将统帅，以大连为基地，迅速向俄军旅顺要塞推进

我海军遭到袭击后，2月9日白天又与日军进亍了炮战，俄军退回旅顺内港。日军于是从月9日到3月初，采取沉船堵口的办法，企图将俄国军舰封锁在港内。但是由于俄军的炮火很厉害，日军又改为水雷封锁

3　水雷战也使日军损失惨重。从5月14日到18日，短短4天，日军接连损失7艘军舰。由于俄太平洋舰队新任司令维特格夫特海军少将消极避战，不再采取出击行动，海上主动权再度落入了日军手中

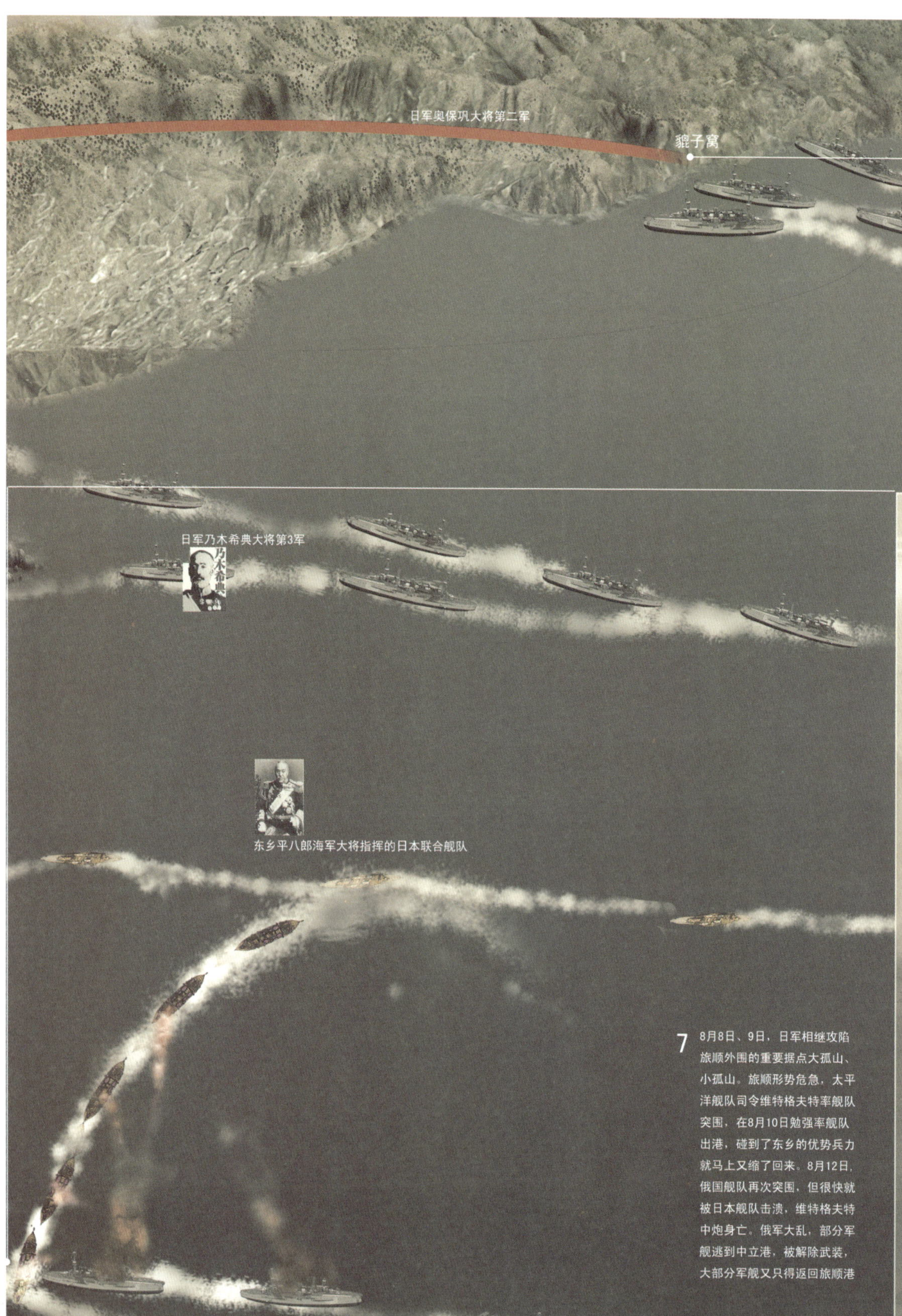

7 8月8日、9日，日军相继攻陷旅顺外围的重要据点大孤山、小孤山。旅顺形势危急，太平洋舰队司令维特格夫特率舰队突围，在8月10日勉强率舰队出港，碰到了东乡的优势兵力就马上又缩了回来。8月12日，俄国舰队再次突围，但很快就被日本舰队击溃，维特格夫特中炮身亡。俄军大乱，部分军舰逃到中立港，被解除武装，大部分军舰又只得返回旅顺港

4 在取得制海权之后，日军开始登陆作战。奥保巩大将的第2军，于5月5日在辽东半岛的貔子窝登陆，直逼旅顺的“门户”金州地峡，企图从北面攻占旅顺。经过激战，日军于5月26日攻下了金州的南山地区，截断了旅顺俄军的后援之路

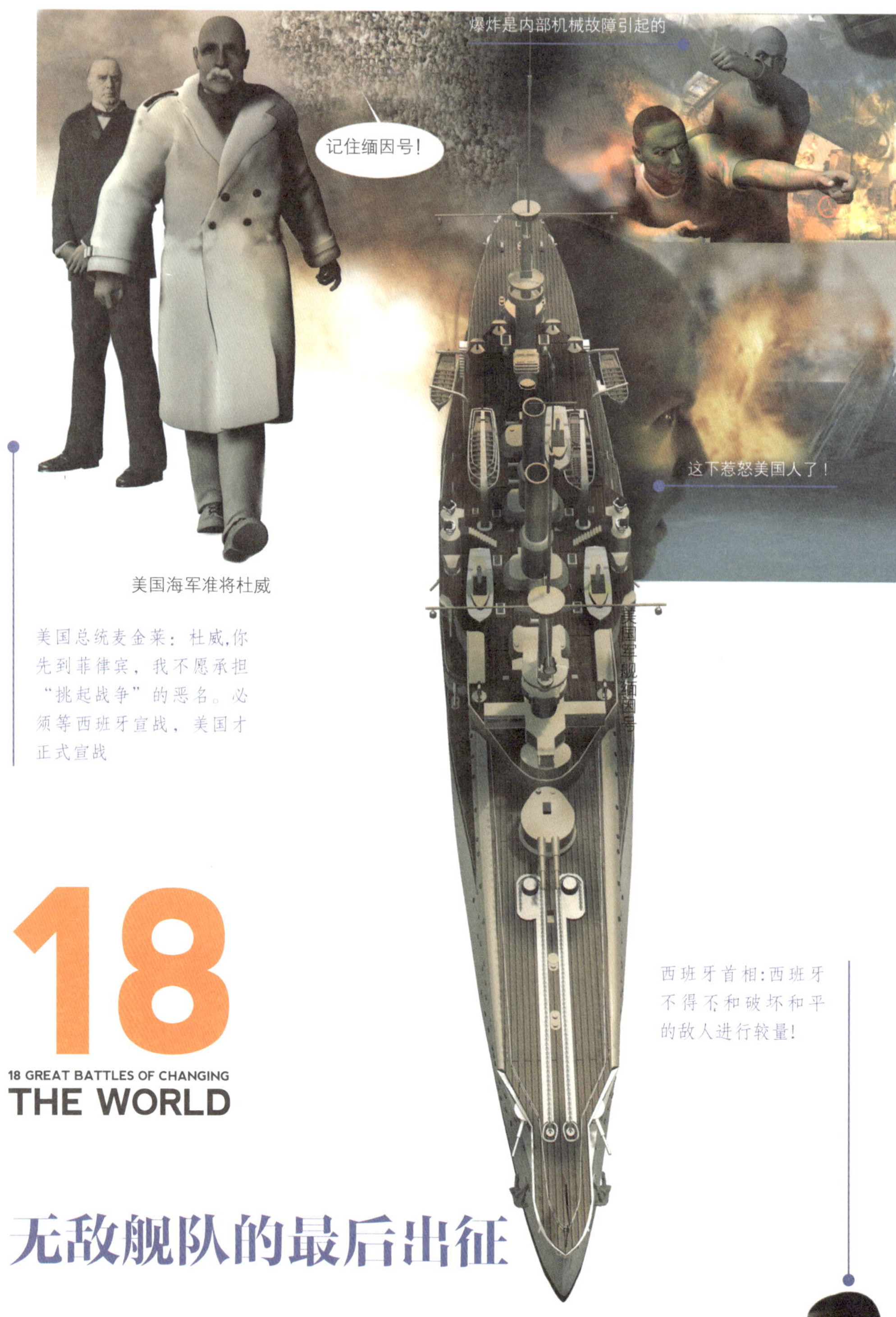

18

18 GREAT BATTLES OF CHANGING THE WORLD

无敌舰队的最后出征

——圣地亚哥战役

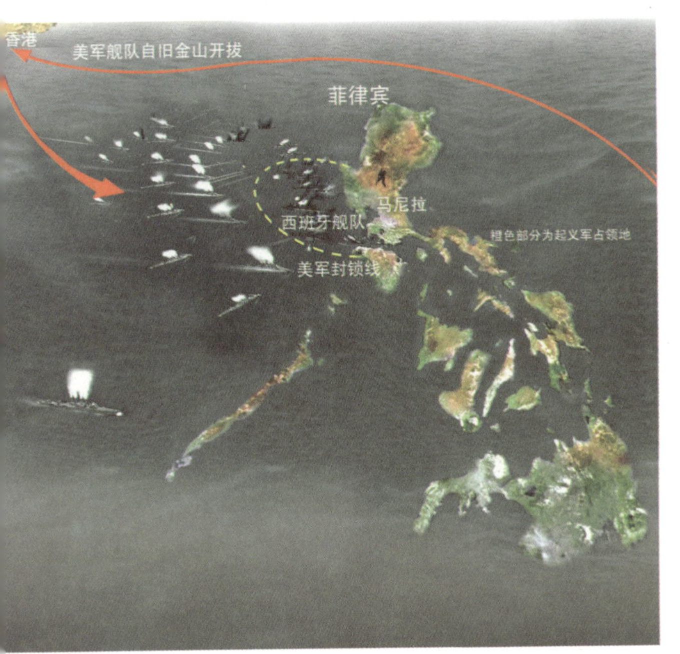

美国为了与西班牙争夺古巴，于1898年打响了圣地亚哥战役。

1492年，当哥伦布刚发现美洲时，就宣布古巴为西班牙的殖民地。但自从1588年“无敌舰队”覆灭后，西班牙已老得不行了，美洲各殖民地纷纷独立，到19世纪末，西班牙只保有美洲的古巴、波多黎各，以及太平洋上的菲律宾、关岛、马里亚纳群岛。美丽富庶的古巴，仅凭全球独一无二的蔗糖业和烟草业，带给西班牙的收益就超过了所有前美洲殖民地的总和。所以，西班牙对古巴的“厚爱”无以复加。

美国也把目光投向古巴，其实古巴和从美国大陆伸出的“棍子”佛罗里达一衣带水，19世纪中叶，美国曾两次向西班牙提出买下古巴，价码

开到1.3亿美元（要知道，1867年美国购买比古巴大得多的阿拉斯加只花了725万美元），但却遭到西班牙的一口拒绝。

其实，古巴人也不想把自己国家的命运交给西班牙或美国，他们也开始争取独立。1868年，第一次古巴独立起义爆发，西班牙花了整整10年时间才把起义镇压下来。但到1895年，古巴又爆发第二次独立起义，声势更为浩大，把本来已日落西山的西班牙搞得焦头烂额。

为了平息叛乱，西班牙首相派遣精明干练的韦勒为古巴总督，采用残酷手段镇压游击战，韦勒首创20世纪人尽皆知的“集中营”制度，把数十万古巴人赶出家门,集中到指定营地加以囚禁，造成成千上万的人死去。此事经美国媒体报道后,美国人斥韦勒为“古巴屠夫”，要求美国政府出兵干涉。美国寻找理由向西班牙开战，因此一个蹩脚的理由应运而生。1898年2月15日，一艘美国

海军部的一个秘书西奥多·罗斯福辞职组织了一支骑兵部队“第一志愿骑兵团”，后来罗斯福被誉为“勇猛骑士”

西班牙人在本土的加的斯港以惊人的速度打造一支新的舰队，倔强的西班牙人打算以这支集中了西班牙全部剩余海上力量的舰队去反攻马尼拉

军舰“缅因号”进入古巴进行“友好”访问，由于内部机械故障，军舰在哈瓦那港大爆炸，造成166多名船员丧生。消息传出后，美国媒体一口咬定是西班牙干的，于是“Rember the Maine（记住缅因号）！”成为当时民众的口号。4月22日，美国总统麦金莱命令海军对古巴进行封锁，逼西班牙不得不在25日宣布开战，美国“名正言顺”地以“受害者”身份正式宣战。

5 桑普松让什雷立即去圣地亚哥，什雷却自作聪明，认为雪尔维拉只是在圣地亚哥暂时修整，最后还是要到西恩福格斯来，又空等了好几天才率飞行分队赶往圣地亚哥

美国

坦帕港

佛罗里达

古巴

西恩福格斯

3 桑普松判断，雪尔维拉的目标是古巴南岸的西恩福格斯，于是派海军准将什雷的“飞行分队”去守株待兔

圣地亚哥

4 雪尔维拉舰队于19日泊进了圣地亚哥海港

6 一番混乱后，29日，美国海军的10余艘铁甲战舰终于封锁了圣地亚哥港

圣地亚哥港
美国人想让一艘大船在圣地亚哥港出海口沉掉，正好可以堵住主要航道，但沉船方位在西军的火力圈内，结果计划归于失败
2 指挥美军作战的海军上将桑普松判断，西班牙舰队的目的地是波多黎各首府圣胡安市，于是率舰队于5月11日赶到圣胡安，结果扑了一场空
海地
波多黎各
圣胡安
1 在西班牙海军部的命令下，海军上将雪尔维拉率舰队离开西非海岸的佛得角，驶向美洲

事后，罗斯福把他的战斗过程告诉了一位通讯记者，混淆了不同地点的区别，又经过记者的渲染，罗斯福俨然成了圣胡安之战的第一功臣

8 但机枪射击很快就因为枪管过热而不得不暂时中止。必须抓住时机迅速登上山顶，霎时间，一名中尉脱掉衬衫，借着机枪的掩护，怒吼着向山上冲去，很快第一个登上了山顶，在他的率领下，一大群士兵跟了上去。美国人蜂拥而至，眼看抵挡不住的西班牙人开始向圣地亚哥方向撤退

9 此时，罗斯福及其“勇猛骑士”们正在不远处的凯特尔山攻打一个次要据点。当圣胡安的形势扭转时，罗斯福也抖擞精神，率部冲上山头，赶走了那里的一小股西班牙守军。随后，罗斯福立即前往圣胡安高地，但当他赶到时，战斗已经结束

凯特尔山

圣地亚哥

12 外围的美国舰队像一把巨钳一样合拢了，并陆续开火，一个多小时后，大多数西班牙战舰或是沉没或是搁浅

玛丽亚·特雷莎号

6 13点，美军走出了丛林地带，来到山脚下的草地，这里毫无掩蔽，暴露的美军更是一排排地倒了下去

7 危急时刻，美国人终于想起这种杀手锏，于是将四挺加特林机枪架在山脚下，不停对山顶扫射，每秒钟都有几百发子弹像雨点一样落在山头上。西班牙人顿时被打得抬不起头来，再也无力阻击向上攀登的美军

10 7月3日，星期日，雪尔维拉舰队朝港口快速驶来。准备突围，雪尔维拉将舰队排成单纵列，本人的旗舰在最前面，而两艘较快的驱逐舰排在最后。他希望用巡洋舰的火力拖住对方，这样一来或许两艘驱逐舰可以伺机逃脱

13 到了13点，逃得最远的一艘船也搁浅在离圣地亚哥港约100公里处。西班牙在这场几乎谈不上战斗的海战中有323人死亡，150人受伤，所有的舰只全被摧毁，美军只有1人死亡，10人受伤，没有舰只受到重创

5 这时，前线军官戴尔比中校想出了一个“好主意”：将用于侦察的氢气球派到前线，从高处俯览圣胡安高地，由于气球位于美军主要通路的正上方，正好帮助西班牙人确定了美军的方位，高地上枪弹齐发，顿时气球就千疮百孔，漏光了氢气而坠入林中，下方的美军非死即伤

4 同时按计划，上万人的部队开始穿过一片茂密丛林中的狭长通道，向圣胡安高地进发。由于林木掩护，西班牙人只能盲目扫射。但美军人数太多也太拥挤，以致西军的胡扫乱射都击中了不少人。同样由于西班牙人使用无烟火药，美军根本找不到目标还击。进攻陷入僵局

不久，西班牙人的炮弹一枚接一枚地飞来，西班牙人使用的是无烟火药

圣

11 离港口最近的布鲁克林号上响起了尖锐的警报声，同时用旗语通知其他各舰。玛丽亚·特雷莎号以及身后所有的军舰都向布鲁克林号开了火，布鲁克林号被击中了几次，但是损失轻微，一些炮弹根本就没爆炸

一枚突如其来的炮弹在美军阵地爆炸，弹片如雨点般落在毫无防备的美国人头上，顿时倒下一片，美军也阵脚大乱

西班牙人一定够受了吧，不过他们就没有大炮么？

1 美军登陆后，踏上了通向圣地亚哥的征程。6月24日发生了第一次遭遇战。包括“勇猛骑士团”在内的一小股军队遇到了西班牙敌军，经过两小时的激战，美军成功地击退了对方且损失轻微。首战告捷，士兵们欢呼雀跃，士气大振

2 经过一周的修整，美军于7月1日开始了主要攻势，战斗于6点30分在埃尔卡内打响，过于自信的美军几乎没怎么进行炮轰，就直接派步兵冲锋，第一批步兵很快就倒在西班牙人的坚固工事之下，美国人遇到了严重挫折。这使得战斗大大延长，居然持续了近9个小时，西班牙人战死了一半，在指挥官被击毙后，士兵才放弃抵抗

同天的圣胡安高地。早上8点，美军就从远处开始了炮轰。最初，西班牙人似乎无力反击。美国人愈加轻松，随军的记者和外国武官赞叹古巴风景秀丽

埃尔卡内

布鲁克林号

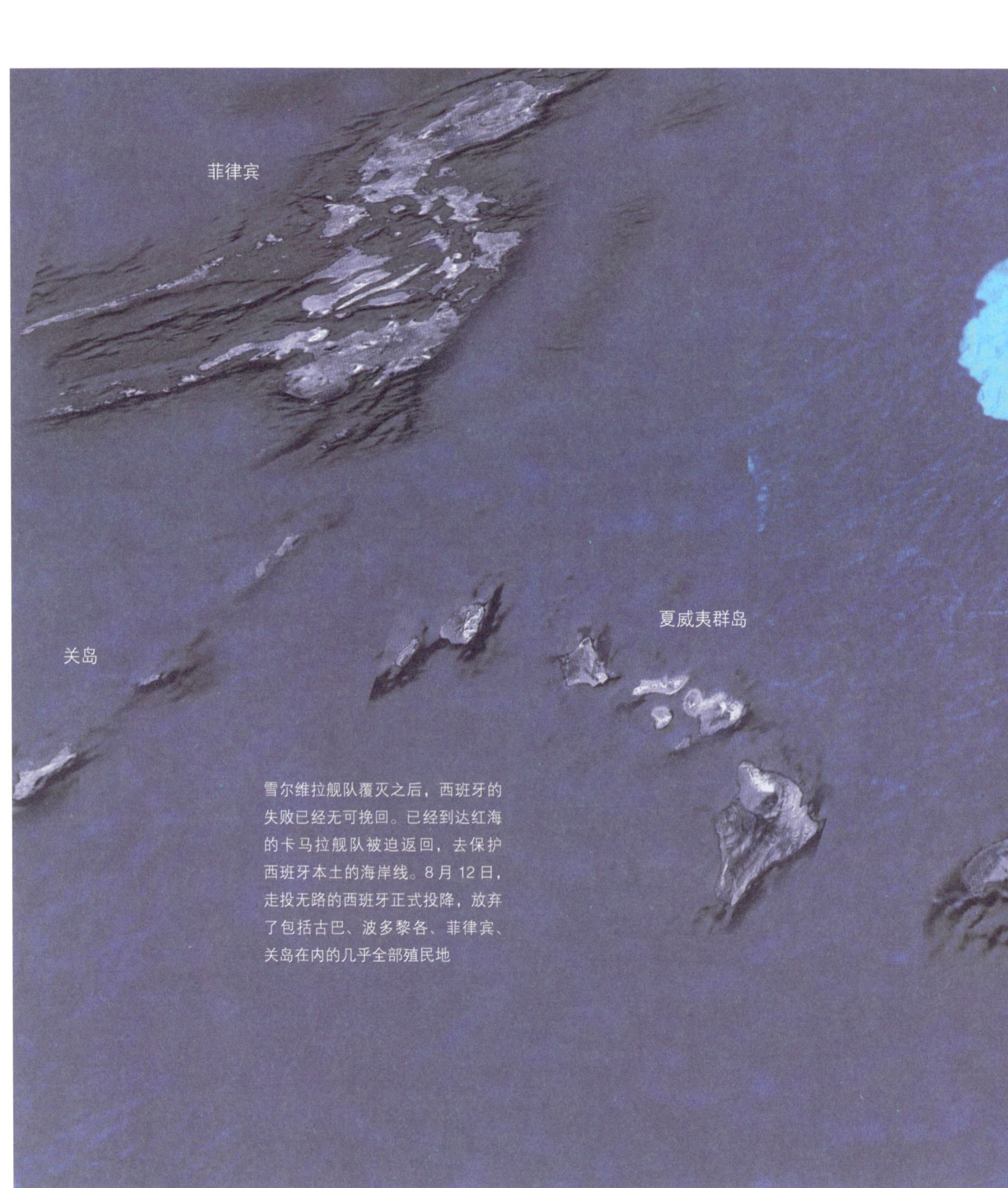

雪尔维拉舰队覆灭之后，西班牙的失败已经无可挽回。已经到达红海的卡马拉舰队被迫返回，去保护西班牙本土的海岸线。8 月 12 日，走投无路的西班牙正式投降，放弃了包括古巴、波多黎各、菲律宾、关岛在内的几乎全部殖民地

在美国国内，借助半真半假的圣胡安的传奇，罗斯福成为大众心目中的战争英雄，很快青云直上